图解 6S 管理全案

现场实战版

胡新桥 编著

全国百佳图书出版单位

·北京·

《图解6S管理全案——现场实战版》一书，详细介绍了6S管理的各项活动，便于企业实际推行。本书从6S基础知识认知，6S推进的关键事项，6S推进的常用手法，1S——整理（SEIRI）、2S——整顿（SEITON）、3S——清扫（SEISO）、4S——安全（SAFETY）的推进要点，5S——清洁（SEIKETSU）、6S——素养（SHITSUKE）的实施，以及事务部门的6S推行等方面进行展开。

本书用浅显的语言加上生动的图片，图文并茂地将管理方法、操作技巧形象地讲解出来，使读者读起来轻松，并且可以快速掌握管理的各种方法。同时，本书注重实际操作要领，具有较强的实用价值。

《图解6S管理全案——现场实战版》一书，可供企业班组长、车间主任、主管生产的副总等6S推进过程中实际操作人员阅读使用。

图书在版编目（CIP）数据

图解6S管理全案：现场实战版／胡新桥编著．—北京：化学工业出版社，2019.1（2024.1重印）
ISBN 978-7-122-33411-4

Ⅰ.①图… Ⅱ.①胡… Ⅲ.①管理学-图解 Ⅳ.①C93-64

中国版本图书馆CIP数据核字（2018）第283187号

责任编辑：陈 蕾　　　　　　　　　　　装帧设计：尹琳琳
责任校对：王 静

出版发行：化学工业出版社（北京市东城区青年湖南街13号　邮政编码100011）
印　　装：北京科印技术咨询服务有限公司数码印刷分部
710mm×1000mm　1/16　印张17½　字数323千字　2024年1月北京第1版第6次印刷

购书咨询：010-64518888　　　　　　　　售后服务：010-64518899
网　　址：http://www.cip.com.cn
凡购买本书，如有缺损质量问题，本社销售中心负责调换。

定　　价：68.00元　　　　　　　　　　　　　　　　　版权所有　违者必究

前言
PREFACE

企业不论是推行5S（整理、整顿、清扫、清洁、素养）管理，还是增加安全、节约、服务、满意度等变成6S、7S、8S管理，甚至是9S管理，目的只有一个，就是改善现场的管理和提升企业的形象，最终实现高效、高收益。

有的企业拥有很先进的设备，但先进设备并不能代表效率就高、成本就低。因为即使拥有世界上最先进的生产工艺或设备，如不对其进行有效的管理，工作场地一片混乱，工件乱堆乱放，其结果只能是生产效率低下，员工越干越没劲，成本上升。而通过6S（我们在此讲了整理、整顿、清扫、清洁、安全、素养六个方面）活动的推广可以有效地解决这个问题，它能使企业的生产环境得到极大的改善，是走上成功的重要手段。

许多企业轰轰烈烈地推行6S活动，却因为觉得6S太琐碎，事情太小而放弃。其实，"每个人所做的工作，都是由一件一件的小事构成的……所有的成功者，他们与我们都做着同样简单的小事，唯一的区别就是，他们从不认为他们所做的事是简单的事。"这是《没有任何借口》中的一段话，听来平实无华却意味深长。

所谓"不积跬步，无以至千里。不积细流，无以成江海"，正是这种道理。"6S"活动正是从工作中最简单的整理、整顿、清洁打扫入手，通过一步步地深入，从教养入手，终于教养、品格，以促进工作效率的提高。

《图解6S管理全案——现场实战版》一书从细微处详细地介绍了6S管理的各项活动，便于企业实际推行。本书主要从6S基础知识认知、6S推进的关键事项、6S推进的常用手法、1S——整理（SEIRI）的推进要点、2S——整顿（SEITON）的推进要点、3S——清扫（SEISO）的推进要点、4S——安全（SAFETY）的推进要点、5S——清洁（SEIKETSU）、6S——素养（SHITSUKE）的实施、事务部门的6S推行等方面进行展开。

本书用浅显的语言加上生动的图片，图文并茂地将管理方法、操作技巧形象地讲解出来，使读者读来很轻松，不会有视觉疲劳，而且可以容易掌握管理的各种方法。同时，本书注重实际操作要领，具有较强的实用价值。

本书由深圳中经智库文化传播有限公司策划，湖北工程学院文学与新闻传播学院副教授胡新桥编著。上市公司华工科技全资的孝感华工高理电子有限公司吴柏延先生提供了非常大的调研帮助。由于编者水平有限，加之时间仓促、参考资料有限，书中难免出现疏漏与缺憾，敬请读者批评指正。

编著者

目录 CONTENTS

第 1 章　6S基础知识认知 ··· 1

1.1　6S的来源 ··· 2
1.2　什么是6S ··· 2
  1.2.1　整理——SEIRI ·· 2
  1.2.2　整顿——SEITON ·· 3
  1.2.3　清扫——SEISO ·· 3
  1.2.4　安全——SAFETY ··· 4
  1.2.5　清洁——SEIKETSU ·· 4
  1.2.6　素养——SHITSUKE ·· 4
1.3　推行6S的成效 ·· 4
  1.3.1　提升公司形象 ·· 5
  1.3.2　营造团队精神 ·· 5
  1.3.3　减少浪费 ·· 5
  1.3.4　保障品质 ·· 5
  1.3.5　改善情绪 ·· 5
  1.3.6　提高效率 ·· 6
1.4　6个S之间的关系 ··· 7
1.5　6S的推进要点 ·· 7
1.6　6S推行的四个阶段 ·· 8

第 2 章 6S推进的关键事项 ……………………………………11

2.1 对企业的现状进行诊断……………………………………………12
2.1.1 自我评估与诊断标准………………………………………12
2.1.2 诊断检查表…………………………………………………13
2.1.3 现场诊断的结果分析………………………………………17
【范本01】6S现状诊断报告……………………………………17

2.2 成立推行组织………………………………………………………19
【范本02】6S管理推行承诺书（部门负责人）………………20
【范本03】6S管理推行承诺书（推行小组成员）……………21
【范本04】6S管理项目推行责任状（项目负责人）…………21

2.3 制订6S推行计划……………………………………………………22
2.3.1 初次推行计划………………………………………………22
【范本05】华工高理公司6S推行进度计划（甘特图）………23
2.3.2 循环推行计划………………………………………………24
【范本06】6S管理持续推行计划表（每季度一次循环）……24

2.4 宣传造势、教育训练………………………………………………25
2.4.1 活动前的宣传造势…………………………………………25
【范本07】6S活动标语集锦……………………………………26
【范本08】6S系列标语/横幅/袖章制作清单…………………27
2.4.2 活动中的宣传………………………………………………30
2.4.3 教育训练与考核……………………………………………31

2.5 建立6S活动样板区…………………………………………………32
2.5.1 开展样板区6S活动的程序…………………………………32
2.5.2 样板区的选择………………………………………………33
2.5.3 样板区的活动重点…………………………………………34

  2.5.4 样板区6S活动效果确认及总结报告 ·· 34

2.6 **全面推进6S活动** ··· 35

2.7 **6S活动日常检查与评比活动** ··· 35

  2.7.1 检查与评比的活动方式 ·· 35

  2.7.2 制定检查评分标准 ·· 36

    【范本09】办公区 6S 检查评分标准表 ·· 36

    【范本10】车间 6S 检查评分标准表 ·· 37

  2.7.3 实施检查 ·· 38

  2.7.4 检查后的处理 ·· 39

  2.7.5 评比分析报告 ·· 40

    【范本11】××××年度各车间6S检查内容汇总及简析 ················ 40

  2.7.6 评比结果的运用 ·· 40

2.8 **6S活动评审** ··· 41

  2.8.1 制定6S审核评分标准 ·· 41

    【范本12】办公区 6S 内审评分标准 ·· 41

    【范本13】作业区 6S 内审评分标准 ·· 45

  2.8.2 制定内部审核评分表 ·· 50

    【范本14】车间 6S 内审评分表 ·· 50

    【范本15】办公室 6S 内审评分表 ·· 52

  2.8.3 实施审核 ·· 54

    【范本16】现场 6S 不符合项图片示例 ·· 55

  2.8.4 实施状况跟踪 ·· 56

    【范本17】6S 纠正及预防措施通知 ·· 57

    【范本18】6S 跟踪检查报告示例 ·· 58

    【范本19】6S 改善方案及执行报告 ·· 58

2.9 **定期调查以调整方向** ··· 59

  2.9.1 调查方式 ·· 59

【范本20】6S推行调查问卷……60
2.9.2 要出具调查报告……61
【范本21】6S推行调查问卷统计分析报告（模板）……61

第 3 章　6S推进的常用手法……63

3.1　寻宝活动……64
3.1.1　寻宝活动的游戏规则……64
3.1.2　寻宝活动的开展步骤……64

3.2　定点摄影法……66
3.2.1　适用活动……67
3.2.2　怎样进行定点摄影……67
3.2.3　定点摄影的运用要领……67
【范本22】某公司定点摄影方案及推行方法……68

3.3　红牌作战……70
3.3.1　适用活动……70
3.3.2　红牌作战的对象……70
3.3.3　红牌作战的实施程序……71

3.4　定置管理……74
3.4.1　定置管理的类别……75
3.4.2　定置管理步骤……75
3.4.3　定置实施……79
3.4.4　定置管理标准化……80

3.5　油漆作战……84
3.5.1　油漆作战的几个实施步骤……84

  3.5.2 刷油漆的流程与方法 ······················· 85
  3.5.3 地板的油漆作战要领 ······················· 87
3.6 标志大行动 ··································· 91
  3.6.1 标志的对象 ····························· 91
  3.6.2 标志行动的操作步骤 ······················· 91
  3.6.3 标志的统一 ····························· 96
    【范本23】某企业6S活动标识牌样板 ············ 97
    【范本24】某企业标志牌的制作标准 ············ 101
3.7 目视管理 ···································· 102
  3.7.1 目视管理三个要点 ······················· 103
  3.7.2 目视管理三种水平 ······················· 103
  3.7.3 目视管理的主要工具 ······················ 104
3.8 看板行动 ···································· 110
  3.8.1 看板的形式 ···························· 110
  3.8.2 不同管理层次使用的管理看板 ················ 110
  3.8.3 不同管理内容的常见看板 ··················· 111
  3.8.4 看板的设计 ···························· 112
    【范本25】看板设计示例 ···················· 113
  3.8.5 看板的整理、整顿 ······················· 116

第 4 章　1S——整理（SEIRI）的推进要点 ············· 119

4.1 确定整理的三个判断基准 ························· 120
  4.1.1 要与不要的基准 ························· 120
    【范本26】某企业废弃与不要的基准 ············ 120
  4.1.2 保管场所基准 ·························· 121

【范本27】物品的使用频率与保管场所 ………………………… 122
  4.1.3 废弃处理基准 …………………………………………… 122
4.2 做好教育工作 …………………………………………………… 122
4.3 现场检查 ………………………………………………………… 123
4.4 清除非必需品 …………………………………………………… 124
  4.4.1 什么是必需品和非必需品 ……………………………… 125
  4.4.2 清理非必需品的着眼点 ………………………………… 125
  4.4.3 非必需品的判定 ………………………………………… 126
  4.4.4 处理非必需品 …………………………………………… 127
4.5 每天循环整理 …………………………………………………… 128
4.6 设置固定整理日 ………………………………………………… 128
  【范本28】某企业整理标准表 …………………………………… 129
4.7 对整理进行评估 ………………………………………………… 129
  【范本29】纠正及预防措施通知 ………………………………… 132

第 5 章 2S——整顿（SEITON）的推进要点 …………… 133

5.1 做好定位工作 …………………………………………………… 134
  5.1.1 定位的要点 ……………………………………………… 134
  【范本30】物料清单、使用频率及位置登记表 ………………… 134
  5.1.2 各类物品的定位要点 …………………………………… 135
5.2 做好定品工作 …………………………………………………… 137
5.3 做好定量工作 …………………………………………………… 138
5.4 做好标示 ………………………………………………………… 138

5.5 各类物品的整顿要领 ································· 139

- 5.5.1 工具类整顿 ································· 139
- 5.5.2 设备的整顿 ································· 141
- 5.5.3 机台、台车类整顿 ··························· 141
- 5.5.4 配线、配管的整理、整顿 ····················· 142
- 5.5.5 材料的整顿 ································· 142
- 5.5.6 备品、备件的整顿 ··························· 143
- 5.5.7 润滑油、作动油等油类整顿 ··················· 144
- 5.5.8 清扫用具的整顿 ····························· 144
- 5.5.9 消耗品类的整顿 ····························· 146
- 5.5.10 危险品的整顿 ······························ 147
- 5.5.11 在制品的整顿 ······························ 148
- 5.5.12 公告物的整顿 ······························ 148
- 5.5.13 仓库的整顿 ································ 150
- 5.5.14 办公室的整顿 ······························ 151

5.6 对整顿进行评估 ··· 151

【范本31】6S纠正及预防措施通知 ···················· 154

第6章 3S——清扫（SEISO）的推进要点 ·············· 155

6.1 准备工作要做足 ··· 156

- 6.1.1 安全教育 ····································· 156
- 6.1.2 设备常识教育 ································· 156
- 6.1.3 技术准备 ····································· 156

6.2 决定清扫担当者 ··· 156

6.3 建立清扫基准和制度 ··································· 158

　　　　【范本32】设备清扫点检基准表 ·············· 158
　　　　【范本33】设备清扫部位及要点 ·············· 159
　　　　【范本34】办公室部门清扫行动标准 ·············· 160
　6.4　以正确的方法进行清扫 ·············· 161
　　　6.4.1　清扫地面、墙壁和窗户 ·············· 161
　　　6.4.2　清扫设备 ·············· 162
　　　　【范本35】某企业设备点检表 ·············· 162
　6.5　整修在清扫中发现有问题的地方 ·············· 163
　6.6　查明污垢的发生源 ·············· 164
　　　6.6.1　污染、泄漏产生的原因 ·············· 164
　　　6.6.2　污染发生源调查 ·············· 164
　　　6.6.3　寻求解决对策 ·············· 165
　6.7　清扫的检查与鉴定 ·············· 166
　　　6.7.1　清扫的检查点 ·············· 166
　　　6.7.2　检查的方法——白手套检查法 ·············· 167
　　　6.7.3　填写清扫检查表 ·············· 168
　　　6.7.4　发出纠正及预防措施通知 ·············· 170
　　　　【范本36】5S纠正及预防措施通知 ·············· 170

第7章　4S——安全（SAFETY）的推进要点 ·············· 171

　7.1　将安全责任落实到位 ·············· 172
　　　　【范本37】安全生产第一责任人任命书 ·············· 172
　　　　【范本38】部门主管安全生产责任书 ·············· 173
　　　　【范本39】领班、班组长安全生产责任书 ·············· 174

【范本40】员工安全生产责任书 …… 175

7.2 开展安全教育 …… 176

7.2.1 安全教育的目标 …… 176
7.2.2 安全教育的内容 …… 176
7.2.3 安全教育的方法 …… 177

7.3 做好安全识别 …… 178

7.3.1 安全色 …… 179
7.3.2 安全标志 …… 179
7.3.3 补充标志 …… 182

7.4 服装、劳保用品 …… 183

7.4.1 劳保用品的种类 …… 183
7.4.2 劳动保护用具的严格管理 …… 185
【范本41】劳保用品发放和使用管理规定 …… 185

7.5 确保机械设备的安全 …… 190

7.5.1 机械、设备的安全化 …… 190
7.5.2 从根本上解决安全化 …… 190
7.5.3 安全装置 …… 190
7.5.4 机械设备安全化的要点（防止五种恶性灾害事故） …… 191

7.6 保证作业环境的安全 …… 191

7.6.1 创造舒适的作业环境 …… 191
7.6.2 安全彩色和标志 …… 192
7.6.3 工作场所的明亮度 …… 192

7.7 消防安全 …… 192

7.7.1 配备基本的消防设施 …… 192
7.7.2 对消防器材进行定位与标志 …… 196
7.7.3 定期组织员工进行消防培训和消防演习 …… 198

7.8 配备急救药箱 ·· 199
7.9 对危险源进行识别与控制 ······································ 199
 7.9.1 企业中存在危险源的业务活动及场所 ················ 199
 7.9.2 危险源识别的对象 ································· 200
 7.9.3 危险源识别的方法 ································· 200
 7.9.4 危险源的评价 ····································· 201
  【范本42】某企业工业安全隐患风险评价表 ············· 201
 7.9.5 危险源的控制 ····································· 202
7.10 开展安全检查 ··· 203
 7.10.1 建立完善的检查体系 ······························· 203
 7.10.2 检查频次 ··· 203

第8章 5S——清洁（SEIKETSU）的实施 ··············· 205

8.1 对前4S进行检查 ·· 206
 8.1.1 检查的标准与重点 ································· 206
 8.1.2 检查的实施 ······································· 211
 8.1.3 不符合的改善 ····································· 217
  【范本43】6S常见问题整改备忘表 ····················· 218
8.2 坚持实施5分钟6S活动 ······································· 221
 8.2.1 生产现场5分钟/10分钟6S活动内容 ················· 221
 8.2.2 办公室5分钟/10分钟6S活动内容 ··················· 222
8.3 6S目视化 ·· 223
 8.3.1 透明化 ··· 223
 8.3.2 状态的量化 ······································· 223
 8.3.3 状态视觉化 ······································· 224

8.4 适时深入培训 224

第 9 章 6S——素养（SHITSUKE）的实施 227

9.1 继续推动前 5S 活动 228
9.2 制定相关的规章制度并严格执行 228
9.3 制定员工素养活动手册 229
【范本 44】员工素养活动手册 229
9.4 加强员工教育培训 242
9.4.1 岗前培训 242
9.4.2 在岗培训 243
9.5 开展各种提升的活动 243
9.5.1 早会 243
【范本 45】每日早会管理制度 244
9.5.2 征文比赛 245
【范本 46】关于开展 6S 征文大赛的通知 245
9.5.3 6S 知识竞赛活动 246
【范本 47】"6S"知识竞赛活动方案 246
9.5.4 6S 之星评选活动 247
【范本 48】"6S 之星"评选方案 248

第 10 章 事务部门的 6S 推行 251

10.1 文件的 6S 252
10.1.1 确定文件管理流程 252

- 10.1.2 一个部门一套文件 ... 252
- 10.1.3 抽屉的管理 ... 252
- 10.1.4 文件的保管方式 ... 253
- 10.1.5 统一纸张尺寸 ... 254
- 10.1.6 统一文件夹的形式 ... 254
- 10.1.7 文件夹的整理方法 ... 255
- 10.1.8 文件夹夹脊的标志 ... 256
- 10.1.9 文件的日期 ... 256

10.2 空间的6S活动 ... 257

- 10.2.1 拆掉各个办公室之间的间壁（隔墙） ... 257
- 10.2.2 办公桌面的管理 ... 257
- 10.2.3 节约空间——共用办公桌 ... 258
- 10.2.4 文件柜的整理 ... 258
- 10.2.5 设置暂时放置场所 ... 259
- 10.2.6 储物柜的管理 ... 259
- 10.2.7 设置雨伞放置场所 ... 259
- 10.2.8 公共区域管理 ... 260

10.3 办公用品的6S ... 261

- 10.3.1 办公桌内文具的整理、整顿 ... 261
- 10.3.2 办公用品减少活动 ... 263

参考文献 ... 264

第1章 6S基础知识认知

1.1 6S的来源
1.2 什么是6S
1.3 推行6S的成效
1.4 6个S之间的关系
1.5 6S的推进要点
1.6 6S推行的四个阶段

1.1　6S的来源

6S其实是5S的延伸。5S是指整理（SEIRI）、整顿（SEITON）、清扫（SEISO）、清洁（SEIKETSU）、素养（SHITSUKE），因其日语的罗马拼音均以"S"开头，因此简称为"5S"。后来人们又加上安全（SAFETY），合称为6S。

5S最早起源于日本，指的是在生产现场中对人员、机器、材料、方法等生产要素进行有效管理。5S是日式企业独特的一种管理办法。

1955年，日本5S的宣传口号为"安全始于整理整顿，终于整理整顿"，当时只推行了前2S，其目的仅是为了确保作业空间和安全，后因生产控制和质量控制的需要而逐步提出后续的3S，即"清扫""清洁""修养"，从而使其应用空间及适用范围进一步拓展。

1986年，首部5S著作问世，从而对整个现场管理模式起到了巨大的冲击作用，并由此掀起5S热潮。日式企业将5S运动作为工作管理的基础，推行各种质量管理手法。第二次世界大战后产品质量得以迅猛提升，奠定了日本经济大国的地位。而在日本最有名的就是丰田汽车公司倡导推行的5S活动，由于5S对塑造企业形象、降低成本、准时交货、安全生产、高度标准化、创造令人心怡的工作场所等现场改善方面的巨大作用，逐渐被各国管理界所认同。随着世界经济的发展，5S现已成为工厂管理的一股新潮流。

1.2　什么是6S

1.2.1　整理——SEIRI

整理就是将必需品与非必需品区分开，在岗位上只放置必需品，不需要用的清出工作场所。整理有以下作用。

（1）可以使现场无杂物，行道通畅，增大作业空间，提高工作效率。

（2）减少碰撞，保障生产安全，提高产品质量。

（3）消除混料差错。

（4）有利于减少库存，节约资金。

（5）使员工心情舒畅，工作热情高涨。

整理不是仅仅将物品打扫干净后整齐摆放，而是"处理"所有持怀疑态度的物品！根据现场物品处理原则，只留下：需要的物品、需要的数量、需要的时间。

如图1-1所示整理前后的对比。

图1-1 整理前后的对比

1.2.2 整顿——SEITON

整顿就是将必需品依规定定位、定量摆放整齐，明确标示，以便于任何人都能很方便地取放！整顿有以下作用。

（1）提高工作效率。

（2）将寻找物品的时间减少为零。

（3）异常情况（如丢失、损坏）能马上发现。

（4）非担当者的其他人员也能明白要求和做法。

（4）不同的人去做，结果是一样的（已经标准化）。

如图1-2所示整顿前后的对比。

图1-2 整顿前后的对比

1.2.3 清扫——SEISO

清扫就是清除工作场所内的脏污，并防止污染的发生。其目的是消除"脏污"，保持工作场所干干净净、明明亮亮，稳定品质，达到零故障、零损耗。

经过整理、整顿，必需品处于立即能用的状态，但取出的物品还必须完好可用，这是清扫最大的作用。

1.2.4 安全——SAFETY

安全活动是指清除安全隐患，排除险情，预防安全事故，保障员工的人身安全，保证生产的连续性，减少安全事故造成的经济损失。推行安全活动的目的是预知危险，防患未然。在企业推行安全活动所要关注的内容如下。

（1）人的安全。

（2）物的安全。

（3）环境的安全。

1.2.5 清洁——SEIKETSU

清洁就是将整理、整顿、清扫、安全、节约进行到底，并且标准化、制度化、规范化，并维持成果。其目的是通过制度化来维持成果，成为惯例和制度，促进企业文化的形成。清洁的作用如下。

（1）维持作用。将整理、整顿、清扫、安全、节约活动取得的良好成绩、作用维持下去，成为公司的制度。

（2）改善的作用。对已取得的良好成绩，不断进行持续改善，使之达到更高的境界。

1.2.6 素养——SHITSUKE

素养是指通过相关宣传、教育手段，提高全体员工文明礼貌水准，促使其养成良好的习惯，遵守规则，并按要求执行。其目的如下。

（1）企业全员严格遵守规章制度。

（2）形成良好的工作风气。

（3）铸造团队精神。全体员工积极、主动地贯彻执行整理、整顿、清扫制度。

1.3 推行6S的成效

实施推行6S活动，能使企业得到很多意想不到的益处，提升企业的竞争力。具体表现在如图1-3所示的几个方面。

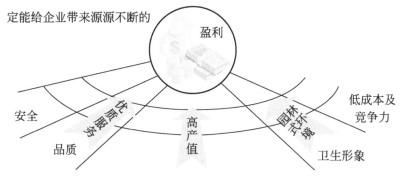

图 1-3　推行 6S 的益处

1.3.1　提升公司形象

（1）容易吸引顾客，使顾客对公司产生信心。
（2）能吸引更多的优秀人员加入公司。

1.3.2　营造团队精神

（1）共同的目标拉近员工的距离，建立团队感情。
（2）容易带动员工改善上进的思想。
（3）看到良好的效果，员工对自己的工作有一定的成就感。
（4）员工养成良好的习惯，变成有教养的员工，容易塑造良好的企业文化。

1.3.3　减少浪费

（1）经常习惯性地整理、整顿，不需要专职整理人员，减少人力。
（2）对物品进行规划分区，分类摆放，减少场所浪费。
（3）物品分区分类摆放，标志清楚，节省寻找时间。
（4）减少人力、减少场所、节约时间就是降低成本。

1.3.4　保障品质

工作养成认真的习惯，做任何事情都一丝不苟，不马虎，品质自然有保障。

1.3.5　改善情绪

（1）清洁、整齐、优美的环境带来美好的心情，员工工作起来更认真。

（2）上司、同事、下级谈吐有礼，举止文明，给你一种被尊重的感觉，容易融合在这种大家庭的氛围中。

1.3.6 提高效率

（1）工作环境优美，工作氛围融洽，工作自然得心应手。
（2）物品摆放整齐，不用花时间寻找，工作效率自然提高了。
我们再来看看开展6S活动以后的现场照片，如图1-4所示。

模具摆放整齐，编号电脑打印。清楚，一目了然。

通道标识正确，通道干净整洁。

模具看板重新整理、喷漆，整齐美观。模具资表排放整齐。

机器设备已保养好，做好防尘措施，摆放整齐。

区域标识明确

消防设备区域规划良好，未堵塞。

图1-4　6S活动以后的现场照片

1.4　6个S之间的关系

6个S之间并不是孤立的，而是彼此相关，它们之间的关系如图1-5所示。

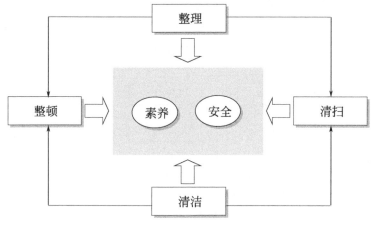

图1-5　6个S之间的关系

1.5　6S的推进要点

6S的推进要点如图1-6所示。

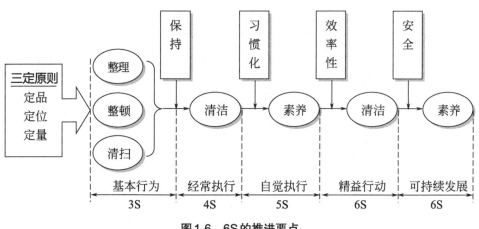

图1-6　6S的推进要点

1.6　6S推行的四个阶段

6S推行的基本过程如图1-7所示。

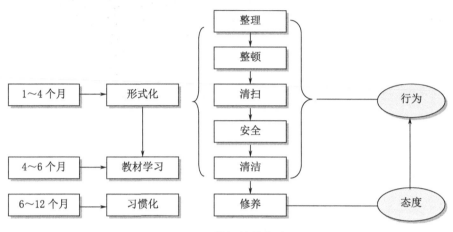

图1-7　6S推行的基本过程

6S推行有以下四个阶段。

第一阶段：启动阶段（现场诊断、推行计划制订、6S培训、建立体制等）。
第二阶段：执行实施阶段（样板工程的建立、推广、培训到基层等）。
第三阶段：自主改善阶段（量身定做审核表及建立现场审核机制等）。
第四阶段：标准化阶段。
6S推行四个阶段的工作内容如表1-1所示。

表1-1　6S推行四个阶段的工作内容

序号	推行阶段	具体项目	主要工作内容
1	启动阶段	现场诊断、推行计划制订、6S培训、建立体制等	（1）对公司现有体系及整体实际运作情况进行一个详细了解和诊断 （2）了解高、中、基层班干部的期望 （3）同公司最高管理者讨论6S推进事宜 （4）制订推行的全面计划及时间表 （5）明确组织架构，成立推行小组（每个部门至少一名人员）和主导人员的委任 （6）明确推行小组成员和主导人员的职责 （7）全面策划安全管理组织及组织人员角色与职责 （8）动员大会（公司最高管理者主持）

续表

序号	推行阶段	具体项目	主要工作内容
1	启动阶段	现场诊断、推行计划制订、6S培训、建立体制等	(9) 活动开始前的宣传造势 (10) 各部门责任人签订责任状 (11) 6S内容管理层培训 (12) 订立总体目标 (13) 制定各部门的执行标准，并全员宣导 (14) 建立区域划分划线和标识标准 (15) 黄牌+红牌作战技巧运用 (16) 油漆作战技巧运用 (17) 明确责任区域，实行责任承包责任制 (18) 策划划线标准、区域标准、标识标准、颜色标准、设备管理标准
2	执行实施阶段	样板工程的建立、推广、培训到基层等	(1) 召开6S工作小组会议及安排各项6S活动 (2) 制作宣传栏或期刊 (3) 制定各部门6S看板管理 (4) 专项辅导一个部门成为6S样板工程 (5) 编定6S责任区及责任人 (6) 沟通仓库物流及区域规划标准 (7) 在各部门全面推行6S的整理、整顿内容 (8) 制定废弃物品处理指引 (9) 各部门比照展开"洗澡"活动 (10) 实施目视管理 (11) 实施晨会制度 (12) 策划现场各区域的安全警示标准，并要求执行 (13) 沟通地面及灰尘的改善方案 (14) 在各部门全面推行6S的清扫、清洁、安全和素养内容 (15) 制订日常清扫计划并执行 (16) 各部门识别各工序的危险源及评价风险 (17) 制定各风险的控制措施 (18) 策划各项重大危险源的应急管理方案 (19) 各部门制作一个样板工程出来 (20) 进行全面的培训，充分调动全员参与的积极性 (21) 现场确定难点的改善方案，如：地面灰尘太大及易损坏、区域线易损坏等 (22) 策划设备管理要求及标准 (23) 所有推行成员集体对每个样板工程进行评比和总结 (24) 各部门实行6S目标管理，并订立月目标 (25) 利用拍摄的手段来比对执行6S前后的结果 (26) 制定提案奖励制度

第1章 6S基础知识认知

续表

序号	推行阶段	具体项目	主要工作内容
2	执行实施阶段	样板工程的建立、推广、培训到基层等	（27）制定培训机制及考核机制 （28）安排应急方案的演习 （29）规划消防管理制度化及执行要求 （30）分析现场的浪费，制定改善的方案
3	自主改善阶段	量身定做审核表及现场审核机制等	（1）制定每人每天五分钟自我检查的检查表 （2）各部门制作本部门内部审核检查表 （3）公司统一一份适用的审核检查表 （4）制定周检查制度及月评比制度 （5）召开6S工作小组会议及安排各项6S活动 （6）6S不符合项目分类基本准则 （7）6S审核评分机制建立 （8）制定监察机制 （9）建立信息交流和信息反馈机制 （10）小组成员全部参与执行一次全面而正式的内部审核 （11）确定不符合问题点的改善要求和责任部门及具体改善措施
4	标准化阶段	管理文件化、举行一些定期活动	（1）召开集体会议检讨整个推行及运作的有效性 （2）调整目标及运作方案 （3）制作6S管理手册 （4）制定员工礼仪手册，内部全面培训 （5）制定执行标准及奖惩机制 （6）发行6S管理手册，全面执行管理手册内容 （7）举行成果发布会，奖励先进单位及个人，激励众人 （8）定期心得交流 （9）开展6S宣传画、标语、口号、征文等征集活动及表彰会 （10）利用节假日开展6S知识竞赛活动 （11）定期收集调查问卷进行方向调整 （12）定期召开总结会检讨目标及执行方案

第2章 6S推进的关键事项

2.1 对企业的现状进行诊断
2.2 成立推行组织
2.3 制订6S推行计划
2.4 宣传造势、教育训练
2.5 建立6S活动样板区
2.6 全面推进6S活动
2.7 6S活动日常检查与评比活动
2.8 6S活动评审
2.9 定期调查以调整方向

2.1 对企业的现状进行诊断

针对企业管理中的常见问题,自行组织现状调查分析,判断问题和隐患所在,确定6S活动的重点和阶段性主题。

2.1.1 自我评估与诊断标准

自我评估与诊断标准如表2-1所示。

表2-1 6S活动自我评估与诊断标准

序号	评估项目	评估与诊断标准
1	公共设施环境卫生	(1) 浴室、卫生间、锅炉房、垃圾箱等公共设施完好 (2) 环境卫生有专人负责,随时清理,无卫生死角 (3) 厂区绿化统一规划,花草树木布局合理,养护良好
2	厂区道路、车辆	(1) 道路平整、干净、整洁,交通标志和划线标准、规范、醒目 (2) 机动车、非机动车位置固定,标志清楚
3	宣传标志	(1) 张贴、悬挂表现企业文化的宣传标语 (2) 文宣形式多样化,内容丰富
4	办公室物品和文件资料	(1) 办公室物品摆放整齐、有序,各类导线集束,实施色标管理 (2) 办公设备完好、整洁 (3) 文件资料分类定置存放,标志清楚,便于检索 (4) 桌面及抽屉内物品保持正常办公的最低限量
5	办公区通道、门窗、墙壁、地面	(1) 门厅和通道平整、干净 (2) 门窗、墙壁、天花板、照明设备完好且整洁 (3) 室内明亮、空气新鲜、温度适宜
6	作业现场通道和室内区域线	(1) 通道平整、通畅、干净、无占用 (2) 地面划线清楚,功能分区明确,标志可移动物摆放位置,颜色、规格统一
7	作业区地面、门窗、墙壁	(1) 地面平整、干净 (2) 作业现场空气清新、明亮 (3) 标语、图片、图板悬挂、张贴符合要求 (4) 各种不同使用功能的管线布置合理,标志规范
8	作业现场设备、工装、工具、工位器具和物料	(1) 定置管理,设备(含检测试验设备)、仪器、工装、工具、工位器具和物料分类合理,摆放有序 (2) 作业现场无用或长久不用的物品 (3) 消除跑、冒、滴、漏,设备无黄袍,杜绝污染

续表

序号	评估项目	评估与诊断标准
9	作业现场产品	(1) 零部件磕碰划伤防护措施良好、有效 (2) 产品状态标志清楚、明确，严格区分合格品与不合格品 (3) 产品放置区域合理，标志清楚
10	作业现场文件	(1) 文件是适用、有效版本 (2) 各种记录完整、清楚 (3) 文件摆放位置适当，保持良好
11	库房	(1) 定置管理，摆放整齐 (2) 位置图悬挂标准，通道畅通 (3) 账、卡、物相符，标志清楚 (4) 安全防护措施到位
12	安全生产	(1) 建立了安全管理组织网络，配备专职管理人员 (2) 建立安全生产责任制，层层落实 (3) 制定安全生产作业规程，人人自觉遵守 (4) 有计划地开展安全生产教育与培训
13	行为规范与仪容	(1) 员工自觉执行公司的相关规定，严格遵守作业纪律 (2) 工作坚持高标准，追求零缺陷 (3) 制定并遵守礼仪守则 (4) 衣着整洁 (5) 工作时间按规定统一穿戴工作服、工作帽 (6) 工厂区内上班时间员工能自觉做到不吸烟

2.1.2 诊断检查表

诊断检查表可按办公场所和车间来区分，因为两者在许多方面有不一样。

2.1.2.1 车间诊断用6S检核表

车间诊断用6S检核表见表2-2。

表2-2 车间诊断用6S检核表

项目	检核项目	配分	得分	改善计划
整理	1.有无定期实施去除不要物的红牌作战？	2		
	2.有无不急、不用的治工具、设备？	2		
	3.有无剩料等不用物？	2		
	4.有无不必要隔间能使职场视野良好？	2		
	5.有无将作业场所明确区域划分、编号化？	2		
	小计	10		

13

续表

项目	检核项目	配分	得分	改善计划
整顿	1.是否明确规定储藏以及储藏所？	3		
	2.是否明确规定物品放置、料架？	3		
	3.是否治工具易于取用、附近、集中？	3		
	4.是否有使用颜色管理？	3		
	5.是否治工具、材料等按规定储放？	3		
	6.是否规定呆制品储放处所与管理？	3		
	7.宣传白板、公布栏内容应适时更换，应标明责任部门及担当者姓名	3		
	8.各种柜、架的放置处要有明确标识	3		
	小计	24		
清扫	1.作业场所是否杂乱？	2		
	2.作业台/现场办公台上是否杂乱？	2		
	3.产品、设备、地面是否脏污、灰尘？	2		
	4.区域划分线是否明确？	2		
	5.作业结束、下班时是否清扫？	2		
	6.墙角、底板、设备下应为重点清扫区域	2		
	小计	12		
安全	1.对危险品应有明显的标识	2		
	2.各安全出口的前面不能有物品堆积	2		
	3.灭火器应在指定位置放置及处于可使用状态	2		
	4.消火栓的前面或下面不能有物品放置	2		
	5.空调、电梯等大型设施设备的开关及使用应指定专人负责或制定相关规定	2		
	6.电源、线路、开关、插座有否异常现象出现	2		
	7.严禁违章操作	2		
	8.对易倾倒物品应采取防倒措施	2		
	9.是否有健全的安全机构及规章制度	2		
	10.是否有定期进行应急预案的演习	2		
	小计	20		
清洁	1.5S是否规定化？	2		
	2.机械设备类是否定期点检？	2		
	3.是否穿着规定的服装或劳保用品？	2		

续表

项目	检核项目	配分	得分	改善计划
清洁	4.是否放置私人物品？	2		
	5.有无规定吸烟场所并有遵守？	2		
	小计	10		
素养	1.有无保持基本的卫生和基本礼仪？	3		
	2.有无明示使用保护具，并有使用？	3		
	3.有无遵守作业标准书？	3		
	4.有无规定异常发生的对应规定？	3		
	5.有无积极参加晨操、朝夕会？	3		
	6.是否遵守有关开始、停止的规定？	3		
	7.按规定穿工作鞋、工作服、佩戴工作证	3		
	8.是否每天保持下班前的五分钟6S	3		
	小计	24		
	共计	100		
评语：				
			检查者：	

2.1.2.2 办公场所诊断用6S检核表

办公场所诊断用6S检核表见表2-3。

表2-3 办公场所诊断用6S检核表

项目	检核项目	配分	得分	改善计划
整理	1.有无定期实施去除不要物的红牌作战？	2		
	2.有无归档的规定？	2		
	3.桌、橱柜等是否为必要的最低限？	2		
	4.有无不必要隔间能使职场视野良好？	2		
	5.有无将桌、橱柜、通路等明确区域划分？	2		
	小计	10		
整顿	1.是否按照归档的规定进行文件类归档？	2		
	2.文件等各类物品是否实施定位置化和标识（颜色、斜线、标签）？	2		
	3.是否规定用品的放置所，并有进行补充点管理？如最高最低存量管制	2		

续表

项目	检核项目	配分	得分	改善计划
整顿	4.必要的文件等物品是否易于取用,不用寻找,放置方法正确?(立即取出和放回)	2		
	5.是否规定橱柜、书架的管理责任者?	2		
	小计	10		
清扫	1.地面、桌上是否杂乱?	2		
	2.垃圾箱是否积得满满?	2		
	3.配线是否杂乱?	2		
	4.给水间有无管理责任者的标示?	2		
	5.给水间是否干净明亮?	2		
	6.有无分工负责清扫制度,窗、墙板、天花板、办公桌、通道或办公场所地面或作业台干净亮丽?办公设施干净无灰尘?	2		
	小计	12		
安全	1.对危险品应有明显的标识	3		
	2.各安全出口的前面不能有物品堆积	3		
	3.灭火器应在指定位置放置及处于可使用状态	3		
	4.消火栓的前面或下面不能有物品放置	3		
	5.空调、电梯等大型设施设备的开关及使用应指定专人负责或制定相关规定	3		
	6.电源、线路、开关、插座有否异常现象出现	3		
	7.严禁违章操作	3		
	8.对易倾倒物品应采取防倒措施	3		
	9.是否有健全的安全机构及规章制度	3		
	10.是否有定期进行应急预案的演习	3		
	小计	30		
清洁	1.办公OA设备有无按规定定期清洁肮脏及灰尘?	2		
	2.抽屉里是否杂乱?	2		
	3.私人物品是否放于指定处所?	2		
	4.下班时桌上是否整洁?	2		
	5.有无穿着规定服装?	2		
	6.排气和换气的情况如何,空气中是否有灰尘或污染味道?	2		
	7.光线是否足够,角度亮度是否感到明亮?	2		
	小计	14		

续表

项目	检核项目	配分	得分	改善计划
教养	1.有无周业务进度管理表来管理？	3		
	2.课重点目标、目标管理等有无目视化？	3		
	3.有无规定公告栏？公告文件有无过期？	2		
	4.接到当事者不在的电话有无做备忘记录？	2		
	5.有无告知方式表示出差地点与回来时间等？	2		
	6.有无文件传阅规定？	3		
	7.有无积极参加晨操？	3		
	8.是否在下班时执行五分钟6S活动	3		
	9.人员仪容端正，精神饱满，都在认真工作	3		
	小计	24		
	共计	100		
评语：				
			检查者：	

2.1.3 现场诊断的结果分析

对现场所进行的诊断，最后要将诊断结果以书面的形式呈现出来，在分析的过程中要把所出现的问题或难处找出来，最好是附上所拍照片，同时，要提出相应的建议，如以下范本所示。

【范本01】6S现状诊断报告 ▶▶▶

6S现状诊断报告

调研范围：一车间、二车间、储运部、包装车间、分装车间、配件仓库等所有区域

调研时间：2018年11月4日

主要调研者：×××先生、×××小姐

调研陪同人员：×××（HR）、×经理（一车间生产）、×经理（二车间生产）、×经理（品管部）

在公司相关陪同人员和各部门责任人的大力支持和配合下，对诊断范围内的6S状态进行了相应的诊断，诊断的结果如下。

一、做得很好的方面

（1）在质量控制方面做得很好，完全符合国家标准，并采用严于行业标准的方式来提升质量，从而为产品远销畅销提供有力的支持。

（2）在辅料和配件及安全方面也有效地控制，从而有效地控制了内耗的成本。

（3）有些部门已在推广6S等活动，而且有一定的成效，这为其他部门推行6S打下了一定的实践基础。

（4）公司高层对这个项目的重视力度及决心为这个项目在贵司的推行注入了新的动力，这也是成功推行的前提。

二、不足的地方

在诊断过程中发现一些不足的地方，在此，无论存在的问题大与小都将一一罗列。

（1）未建立整体的6S推行组织及明确职责。

（2）缺少6S培训需求和如何实施，或是有个别部门内部有教训但均未考核，不能强制提升人员的意识。

（3）基层管理人员没有管理类的培训，如管理技能、团队精神等课程。

（4）需要将整个企业团队引导为一个学习型组织和团队，目前未针对于此策划开展一些学习活动，如读书月、提案改善月、内部专项技能培训等。

（5）未进行专门的危机专题内部沟通，不能引起员工的危机意识，如质量安全意识、人生危机、职业危机等。

（6）车间的消防灭火器普遍是生锈或积尘较多，甚至有些保养期仍是前一年的中旬，没有进行有效管理及保养。

（7）劳保用品没有建立一个使用周期，然后再进行更换。

（8）目前整个企业内看板管理未全面建立起来，使用各方面的一些资讯不能及时透明地反映出来。

（9）办公楼无安全疏散图。

（10）整个车间及仓库都未进行有效的区域划分，如：人流区域和物流区域。

（11）一车间整体比较干净整洁，但在一楼仍有堆放杂物的现象。

（12）生产部办公室的文件夹及资料存放方式有待提升及规范。

（13）二车间有一台设备有漏原料的现象。

（14）零件仓已对6S工作开展不少，但在物料标识和物品分类存放等方面需要统一和完善，还有物料架上的物品不宜堆放太高或太乱。

……

三、建议

综上所述,公司在进行6S的推行工作方面确实做出了不少的工作和努力,也取得了一定的成绩(按今天使用的诊断检查表的分数汇总办公场所得分为57分,现场得分为62分,这些分数不能作为各部门的考核内容,仅作为本次诊断的主观结果,供参考用),但这些不足以从整体上提升公司在环境、质量、安全、成本和效率等方面的需求,因此仍有必要慎重考虑如何能全面有效地推行6S活动,现据初步的调研结果提供以下建议。

(1)建立以高层中的一员为委员会主任及各部门责任人为委员的一个6S推行委员会,并明确主任及委员的职责。

(2)全面策划整个6S推行方案及时间表,高层持续关注进度及结果。

(3)进行全员性的培训,特别是先对推行委员会及各部门中高层管理人员培训,并建立一个有效的培训机制,确保所有的人一进入本司工作就知道如何执行6S要求。

(4)制作6S样板部门,策划执行标准和运作规范及过程控制表格。

(5)培训内审员,日常监控6S的执行及改善情况。

(6)开展形式多样的6S活动,如:知识竞赛、月或季度评比、各种形式的活动月等。

2.2 成立推行组织

为了有效地推进6S活动,需要建立一个符合企业条件的推进组织——6S推行委员会。推行委员会的组成包括6S委员会、推进事务局、各部门负责人以及部门6S代表等,不同的责任人承担不同的职责。推行委员会职责见表2-4。

表2-4 推行委员会职责

组成	职责
6S委员会	(1)制定6S推行的目标、方针 (2)任命推行事务局负责人 (3)批准6S推进计划书和推进事务局的决议事项 (4)评价活动结果
推进事务局	(1)制订6S推进计划,并监督计划的实施 (2)组织对员工的培训 (3)负责对活动的宣传 (4)制定推进办法和奖惩措施 (5)主导全公司6S活动的开展

续表

组成	职责
各部门负责人	（1）负责本部门6S活动的开展，制定6S活动规范 （2）负责本部门人员的教育和对活动的控制 （3）设定部门内的改善主题，并组织改善活动的实施 （4）指定本部门的6S代表
部门6S代表	（1）协助部门负责人对本部门6S活动进行推进 （2）作为联络员，在推进事务局和所在部门之间进行信息沟通

为明确各人的责任，企业可以将明确责任的活动办得热烈一点，比如开展一个6S活动宣誓大会，同时，要求各责任人签订责任状（承诺书）。

【范本02】6S管理推行承诺书（部门负责人）▶▶▶-------------

6S管理推行承诺书（部门负责人）

我是华工高理公司部门负责人：

为推动公司现场6S管理，提高我司的内部现场管理水平，在今后6S管理活动中，本人承诺如下。

1.我将带动部门上下，从工作中的每一件小事做起，持之以恒，以达到公司期望6S在96分以上的要求。

2.我将组织本部门主动配合和协助其他部门开展6S工作，与其共求发展。

3.认真遵守和执行公司推行6S管理项目的所有要求，全力配合和支持咨询顾问组及推行小组的推行工作。

4.严格认真执行公司6S管理的各项制度，全力配合和执行推行小组及6S管理专员的要求。

5.每天按6S要求和标准对6S工作自查1次，并记录和通报。

6.每周对部门6S工作自我总结一次，并向全体员工宣导。

7.积极找方法解决6S推行存在的困难，绝对不为失败找借口。

8.如因本部门的6S推行进度而影响全公司的6S管理项目进度，本人将自请处分。

9.如没遵守和执行6S推行小组要求及6S制度，愿意无条件接受公司的处分。

为塑造一个有华工高理特色，洋溢华工高理公司6S文化的企业形象而携手努力！奋进！

承诺人（签字）：
年　月　日

【范本03】6S管理推行承诺书（推行小组成员）

6S管理推行承诺书（推行小组成员）

我是××公司现场6S项目推行小组成员：

为推动公司现场6S管理工作，提高我司的内部现场管理水平，在今后6S管理活动中，本人承诺如下。

1. 我将带动全公司和部门上下，从工作中的每一件小事做起，持之以恒，以达到公司期望6S在96分以上的要求。
2. 按时按质推动和执行6S管理项目的各项计划。
3. 遵守和执行公司推行6S管理项目的所有要求，全力配合和支持咨询顾问组的推行工作。
4. 严格认真执行公司6S管理的各项制度。
5. 每周对公司6S工作检查和总结一次，并向全体员工宣导。
6. 积极找方法解决6S推行存在的困难，绝对不为失败找借口。
7. 如因本人的6S推行进度而影响全公司的6S管理项目进度，本人将自请处分。
8. 如没遵守和执行6S推行小组要求及6S制度，愿意无条件接受公司的处分。

为塑造一个有××公司特色，洋溢××公司6S文化的企业形象而携手努力！奋进！

承诺人（签字）：

年 月 日

【范本04】6S管理项目推行责任状（项目负责人）

6S管理项目推行责任状（项目负责人）

我是化工高理公司部门负责人：

为规范内部管理行为，促进公司内的6S管理全面有力地得到推行和执行，杜绝推行过程中各部门配合和支持行为的随意性和盲目性，提高我司的内部现场管理水平，保证6S管理项目的各要求得以全面正确实施，履行好各部门的职责，根据公司最高管理层定下的本年度内部改善的目标和有关要求，特制定本责任状。本人承诺如下。

1.我将带动部门上下，从工作中的每一件小事做起，持之以恒，以达到公司期望6S在96分以上的要求。

2.我将组织本部门主动配合和协助其他部门开展6S工作，与其共求发展。

3.认真遵守和执行公司推行6S管理项目的所有要求，全力配合和支持咨询顾问组及推行小组的推行工作。

4.严格认真执行公司6S管理的各项制度，全力配合和执行推行小组及6S管理专员的要求。

5.每天按6S要求和标准对6S工作自查1次，并记录和通报。

6.每周对部门6S工作自我总结一次，并向全体员工宣导。

7.积极找方法解决6S推行存在的困难，绝对不为失败找借口。

8.如因本部门的6S推行进度而影响全公司的6S管理项目进度，本人将自请处分。

9.如没遵守和执行6S推行小组要求及6S制度，愿意无条件接受公司的处分。

总经理（签字）：　　　　　　　　项目责任人（签字）：

　　　　　　　　　　　　　　　　　　　　　　年　　月　　日

2.3 制订6S推行计划

　　所谓计划就是预先决定5W1H——做什么（What）、为什么做（Why）、什么时候做（When）、由谁做（Who）、怎么做（How）等。计划是在各式各样的预测基础上订立的，所以并不是所有事情都会按照计划发展。但如果不订立计划，所有的事情就会杂乱无章。因此，如果事情并没有按照计划发展，将来的事态就会与计划中的结果相去甚远。

2.3.1 初次推行计划

　　初次推行计划是针对那些以前没有开展过任何6S活动的企业而制订。如以下范本所示。

[范本05] 华工高理公司6S推行进度计划（甘特图）

华工高理公司6S推行进度计划（甘特图）

编制：　　　　　　批准：

序号	阶段	工作内容	1月	2月	3月	4月	5月	6月	7月	8月	9月	10月	11月	12月
一	组织策划	6S现状诊断												
		组建6S委员会，6S小组，明确岗位职责												
		6S骨干培训												
		制订6S推行计划												
		6S宣传工作展开												
二	体系设计	全员6S培训												
		6S骨干外训												
		确定6S方针、目标												
三	6S体系建立	编写6S手册												
		整理、整顿、清扫、清洁、素养文件及表格												
		示范部门或车间整理整顿开始												
		6S评分标准，6S活动竞赛办法制定												
		6S知识竞赛动员大会，6S实施动员大会												
四	6S运行	整理												
		整顿												
		清扫												
		6S审核												
		清洁												
		管理层6S评审												

第2章　6S推进的关键事项

2.3.2 循环推行计划

6S推行到一定程度以后,要制订一个循环推行计划(比如说每个季度循环一次),以使6S活动处于不断的良性循环之中,如以下范本所示。

【范本06】6S管理持续推行计划表(每季度一次循环)

6S管理持续推行计划表(每季度一次循环)

步骤	项目	推行计划					备注
		1周	2周	3周	…	12周	
1. 6S管理推行准备	(1)重新确定6S管理推行负责人和小组,并修改相关的6S实施文件						
	(2)各副主任负责提交各小组的责任区域图,以及提交6S所有待其他部门或者上级部门解决的问题清单						
	(3)全厂新员工培训及培训考试;6S全厂宣传						
2. 6S管理推行	(1)各部门开始实施整理并提交整理整顿清单						
	(2)各部门确定清扫责任区,具体落实到每一个人并实施清扫						
	(3)重新制作样板工程						
	(4)各部门参照实施整顿(目视管理)						
	(5)各部门实施6S						
	(6)全厂6S管理开始实施评比						按"6S管理考核办法"实施
3. 6S管理的效果检讨	(1)每周由6S管理委员会委员对各区进行周评比,并纳入月评比中						
	(2)每月由6S管理委员会主任抽取部分委员对各区进行评比,对于前两名给予奖励						

续表

步骤	项目	推行计划				备注
		1周	2周	3周	⋯ 12周	
4.6S管理的维持改进	（1）由人事部门将6S培训内容纳入新员工培训项目之中，每个月对新进员工组织一次培训					评估总目标是否实现
	（2）开展新的趣味性竞赛					
	（3）提升6S目标					
	（4）与各部门的管理绩效挂钩，促进全体参与					

编制：　　　　　　　　　　　　日期：

2.4　宣传造势、教育训练

推动6S活动除了要做好策划工作外，还一定要让全公司的各级管理人员和全体员工了解为何要做和如何去做，同时告知进行活动的必要性与好处在哪里，这样才能激发大家的参与感和投入感。因此，开展必要的宣传造势、教育训练是必不可少的环节，也是6S活动成败的关键。

2.4.1　活动前的宣传造势

2.4.1.1　前期各项宣传活动的推行

各部门主管负责利用部门（小组）例会向员工讲述实施6S的必要性和作用，使员工对6S有初步的了解，激发员工的好奇心。

2.4.1.2　制定推行手册及海报标语

为了让全员进一步了解，全员实行，应制定推行手册，并且做到人手一册（发放前向员工讲明，推行手册是否保存良好是要纳入评分项目的，丢失就要扣分），通过学习，确切掌握6S的定义、目的和推行要领等。另外，配合各项宣导活动，制作一些醒目的标语，塑造气氛，以加强文宣效果。

【范本07】6S活动标语集锦

6S活动标语集锦

1. 整理：区分物品的用途，清除不要用的东西。
2. 整顿：必需品分区放置，明确标识，方便取用。
3. 清扫：清除垃圾和脏污，并防止污染的发生。
4. 清洁：维持前3S的成果，制度化，规范化。
5. 素养：养成良好习惯，提高整体素质。
6. 安全：确保工作生产安全，关爱生命，以人为本。
7. 勤俭节约、爱护公物；以厂为家，共同发展。
8. 服务：强化服务意识，倡导奉献精神。
9. 整理整顿做得好，工作效率步步高。
10. 清扫清洁坚持做，亮丽环境真不错。
11. 6S效果很全面，持之以恒是关键。
12. 培养优质素养，提高团队力量。
13. 决心、用心、信心，6S活动有保证。
14. 全员投入齐参加，自然远离脏乱差。
15. 创造清爽的工作环境，提升工作士气和效率。
16. 人人做整理，工作有条理；全员做清扫，环境更美好。
17. 改善措施是基础，不懈努力是关键。
18. 减少浪费，提升品质；整齐舒适，安全规范。
19. 整理整顿天天做，清扫清洁时时行。
20. 整顿用心做彻底，处处整齐好管理。
21. 摒弃坏习惯，打造新风气。
22. 高品质的产品源于高标准的工作环境。
23. 现场差，则市场差；市场差，则发展滞。
24. 分工合作来打扫，相信明天会更好。
25. 6S运动从你我做起，让我们更有自信！
26. 整理——腾出更大的空间。
27. 整顿——提高工作效率。
28. 清扫——扫走旧观念，扫出新天地。
29. 清洁——拥有清爽明亮的工作环境。
30. 素养——塑造人的品质，建立管理根基。
31. 安全——消除一切安全隐患。

32. 6S只有不断地检讨修正,才能持续地改善提升。
33. 无论是看得见,还是看不见,都要彻底清扫干净。
34. 彻底整理,合理整顿,持之以恒,效果展现。
35. 整理:下定决心,去芜存精。
36. 整顿:精心策划,节约空间。
37. 清扫:要有耐心,从我做起。
38. 清洁:称心如意,清爽环境。
39. 素养:信心提升,效率保证。
40. 安全:消除隐患,安全生产。
41. 节约:节约为荣,浪费为耻。
42. 思一思 研究改善措施 试一试 坚持不懈努力。
43. 积极投入齐参加,自然远离脏乱差。
44. 创造舒适工作场所,不断提高工作效率。
45. 整理整顿做得好,清洁打扫没烦恼。
46. 消除一切安全隐患,保障生产工作安全。
47. 勤俭节约,爱护公物,以厂为家,共同发展。
48. 强化服务意识,倡导奉献精神。

对于海报、标语的张贴,企业要对其内容、大小、数量、放置位置都要事先设计好,否则,现场就会因标语、海报的张贴显得很乱,就达不到应有的效果了,以下提供某公司在开展6S之初所设计的标语清单供参考。

【范本08】6S系列标语/横幅/袖章制作清单

6S系列标语/横幅/袖章制作清单

序号	类别	适用地	规格说明	颜色	数量	内容
1	铜字	门卫楼		红色或铜色	1	××(公司标志)
2	横匾	厂区主通道	待定	待定	1	质量方针:××
3					1	质量目标:成品交货验收合格率≥99%,客户投诉处理率100% 顾客满意度≥98%
4					1	公司理念:××
5					1	整理、整顿、清扫、清洁、节约、安全、素养

续表

序号	类别	适用地	规格说明	颜色	数量	内容
6	挂贴/横幅	车间	挂贴尺寸：180厘米（高）×40厘米（宽）横幅尺寸：1200厘米（长）×70厘米（高）	挂贴：绿底白字 横幅：红底黄字	2	整理、整顿做得好，工作效率步步高
7					2	清扫，清洁坚持做，亮丽环境真不错
8					2	6S效果很全面，持之以恒是关键
9					2	决心、用心、信心，6S活动有保证
10					2	全员投入齐参与，自然远离脏乱差
11					2	人人做整理，场地有条理，全员做清扫，环境更美好
12					2	减少浪费，提升品质；整齐舒适，安全规范
13					2	整理整顿天天做，清扫清洁时时行
14					2	整顿用心做彻底，处处整齐好管理
15					2	现场差，则市场差，市场差，则发展滞
16					2	高品质的产品源于高标准的工作环境
17					2	摒弃坏习惯，打造新风气
18					2	实施效果看得见，持之以恒是关键
19					2	落实消防责任，贯彻消防法规
20					2	消防连着你我他，保障安全靠大家
21					2	安全生产人人有责，遵章守纪保障安全
22					2	生产再忙安全不忘，人命关天，安全为先
23					2	安全来自长期警惕，事故源于瞬间麻痹
24					2	按章操作机械设备，时刻注意效益安全

续表

序号	类别	适用地	规格说明	颜色	数量	内容
25	挂贴/横幅	仓库	挂贴尺寸：180厘米（高）×40厘米（宽）横幅尺寸：1200厘米（长）×70厘米（高）	挂贴：绿底白字 横幅：红底黄字	2	爱惜物料，重视品质，合理规划，标识清晰
26					1	进料出料要记清，数账管理更分明
27					1	化学物品很危险，存储使用要小心
28					1	仓储原则要遵守，先进先出是基础
29		车间品管区			1	作业不正确，顾客受连累
30					2	上帝在您心中，质量在您手中
31	挂贴/横幅	车间品管区	挂贴尺寸：180厘米（高）×40厘米（宽）横幅尺寸：1200厘米（长）×70厘米（高）	挂贴：绿底白字 横幅：红底黄字	1	以质量求生存，以改革求发展
32					1	检验测试坚持做，一点问题不放过
33					2	人人品管做得好，顾客抱怨自然少
34					2	产品质量连万家，利害关系你我他
35					2	质量放松，劳而无功
36					2	规范质量行为，树立质量风气
37					1	品管提高信誉，信誉扩大销售
38					1	品质一马当先，业绩遥遥领先
39					1	人人提案创新，成本自然减轻
40					1	质量就是资源，质量就是金钱
41					1	零缺点的生产过程，一百分的优质产品
42	KT板	车间办公室	100厘米（宽）×60厘米（高）	自由设计底色	1	复杂工作简单做，简单工作认真做，认真工作重复做，重复工作创新做
43					1	汇报工作说结果，请示工作说方案，总结工作说流程，回忆工作说感受
44					1	有好思路+不执行＝0 有好制度+不执行＝0 布置工作+不检查＝0
45					1	正确指导+强制执行＝管理

第2章 6S推进的关键事项

29

续表

序号	类别	适用地	规格说明	颜色	数量	内容
46	KT板	车间会议室	100厘米（宽）×60厘米（高）	自由设计底色	1	会而必议，议而必决，决而必行，行而必果
47		办公室1F			1	笑容是我的长相，开心是我的个性，赞美是我的习惯
48					1	积极进取有担当，专业智慧有表现，认真服从有目标
49	挂贴	食堂	120厘米（高）×40厘米（长）	绿底白字	1	浪费可耻，节约光荣
50					2	珍惜盘中餐，粒粒皆辛苦
51					2	保持卫生清洁，共创美好环境
52					1	一粥一饭当思来之不易，一点一滴常用感恩之心
53	车间牌号	各车间	60厘米×40厘米	绿底白字	14	1#车间、2#车间……14#车间
54	6S袖章	6S成员		红底黄字	15	6S检查
55	锦旗		标准型	红底黄字		月度6S评比第一名（落款××公司）

2.4.1.3 最高主管的宣言

利用全员集合，由最高主管强调和说明推动6S活动的决心、信心和重要性。

2.4.2 活动中的宣传

2.4.2.1 利用内部刊物

一些较大的企业通常都有内部刊物，可利用它来对6S活动进行宣传，经常发表领导强调6S的讲话，介绍6S知识，介绍6S活动的进展情况和优秀成果以及6S活动的实施规范，推荐好的实践经验等。由于内部刊物的影响较大，利用好了对6S活动能起到很好的推动作用。

2.4.2.2 制作宣传板报

公司和各部门还可以通过制作6S板报来宣传6S知识，展示6S成果，发表6S征文，提示存在的问题等，板报的内容可以做得丰富多彩，它是一种很有效的宣传工具。在板报制作的过程中，应留意以下几点。

（1）板报应设在员工或客户必经的场所，如通道、休息室附近，同时要求空间比较宽敞，站着可看得到。

（2）板报制作要美观大方，并让人看了有美感。

（3）板报可以形式多样，如下面的图2-1所示。

图2-1　6S活动宣传板报

（4）应定期对板报的内容进行更新和维护，如果内容长时间不变，板报破旧不堪也就失去了它应有的宣传作用了。

2.4.3　教育训练与考核

2.4.3.1　培训对象

在6S推行活动中的教育对象包括以下几类。

（1）管理人员。

（2）员工。

（3）审核员（现场审核前开展培训）。

管理人员和审核员的培训由6S小组组长负责。

2.4.3.2 培训方法

员工的培训按下述方法进行。

（1）新进人员。由人事部负责组织培训。

（2）现有员工。由各部门自行负责组织培训。

2.4.3.3 考核

由6S小组成员负责对所有接受培训的人员进行卷面考核，对于考核不合格者以下述方式处理。

（1）管理人员和审核员。采取每天补考一次，直到合格为止的方法。

（2）老员工。采取由各部门再次组织培训（可采用实际操练的方式进行），干事于2天后再组织补考，直至合格的方法。

（3）新员工。每人给予一次补考的机会，补考不合格者，做试用不合格处理。

2.5 建立6S活动样板区

开展样板区6S活动首要的任务是设法快速地展现6S成果，目的是要给领导和员工以必胜的信心。因此，在设计示范区6S活动的时候，就应该考虑将活动步骤进行整合或简化，使其达到快速见效的目的。

2.5.1 开展样板区6S活动的程序

我们可以把示范区6S活动的主要程序归纳如图2-2所示。

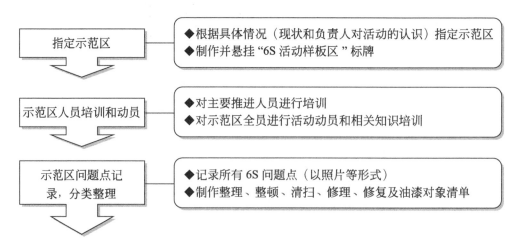

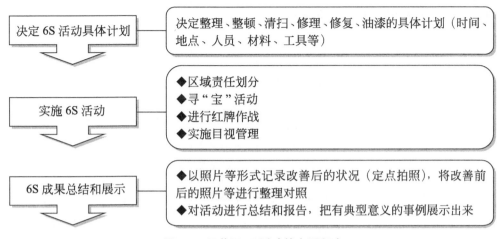

图2-2　示范区6S活动的主要程序

一旦决定开展示范区的6S活动，就要全力以赴争取在短期内取得成效，否则整个活动计划都将受到影响。

2.5.2　样板区的选择

选择样板区，就是要在公司范围内找到一个突破口，并为大家创造一个可以借鉴的样板。为了达到这样一个目的，在选择6S活动样板区时应注意以下事项。

2.5.2.1　选择硬件条件差、改善难度大的部门作为样板区

如果选择一个硬件条件好（比如说新建的厂房、新买的设备等）的车间或部门，短期的6S活动很难创造出令人信服的，特别是能够产生视觉冲击力的6S效果。相反，选择一个硬件条件差，改善难度大的车间或部门，通过短期集中的6S活动，将使管理现场得到根本的改变，特别是一些长期脏、乱、差的地方得到彻底地改观，将对员工产生巨大的视觉冲击，使样板区真正发挥样板区的作用。

2.5.2.2　选择具有代表性的部门作为样板区

在选择6S活动样板区时，还应考虑所选择的样板区应有一定的代表性，其现场中所存在的问题具有普遍性，只有这样，改善的效果才有说服力，才能被大多数人认同和接受，不然，就很难达到预期的效果，也就不能给其他部门提供示范和参考作用。

2.5.2.3　所选样板区的责任人改善意识要强

要想使样板区的6S活动在短期内见效，选择改善意识比较强的负责人尤为重要，否则，再好的愿望都将会落空。

2.5.3　样板区的活动重点

样板区的活动重点，如表2-5所示。

表2-5　样板区的活动重点

序号	活动名称	活动内容	备注
1	在短期内突击进行整理	采取长期的分阶段整理的方法是不明智的，必须在短时间内，对整个车间进行一次大盘点，为对无用品的处理做准备	
2	下狠心对无用品进行处理	我们通常所说，"做好整理工作的关键是废弃的决心"，就是对那些无用品进行处理的决心	把确定的废弃品扔掉，把待定的物品分类转移到另外的场所，待上级确定
3	快速地整顿	以工作或操作的便利性、使用的频度、安全性、美观等，决定物品的放置场所和方法，对所有已摆放归位的物品，要采用统一的标志	因为时间的关系，可先采用特定的标志方法，待下一步再研究统一的标志方法
4	彻底地清扫	在短期内，发动全体员工进行彻底的清扫，对难点采取特殊的整理措施，对设备陈旧最好的办法是涂上新的油漆	

2.5.4　样板区6S活动效果确认及总结报告

要使样板区的6S活动成果能够成为全公司整个6S活动的方向标，应该力求做好以下几个方面的工作。

2.5.4.1　活动成果的报告和展示

首先要对样板区的6S活动成果进行系统的总结，总结的内容通常包括活动计划、对员工的培训、活动过程、员工对活动的参与情况、活动成果和改善事例等。有条件的话，可以把这些内容制成板报，集中展示出来，让全体员工了解示范区的6S活动。

除此之外，还可以通过说明会、报告会和内部刊物等多种形式进行广泛的宣传。

2.5.4.2　组织样板区参观活动

为了让公司内更多的人了解样板区的改善成果，组织样板区参观活动是一个很有效的方法。它是公司领导表明对样板区活动成果的认同和对6S活动态度的好机会。要使参观活动有成效，就要做好以下几个方面的准备工作。

（1）准备好参观的景点和需要做重点介绍的事项，在现场对改善事例进行展示。

（2）指定对改善事例解说的员工（通常是改善者本人），并按要求做好解说准备。

（3）参观人员分组时，注意在每一个小组内安排企业高层参与。

2.5.4.3 高层领导的肯定和关注

开展样板区活动的目的就是要通过局部的改善带动活动的全面开展，起到以点带面的作用。为了使样板区的改善成果有号召力，企业高层对改善成果的认同是很关键的。企业领导应该对成果表示关注和肯定，积极参与样板区参观活动，在各种场合表达对改善成果的赞许。

2.6　全面推进6S活动

当样板区6S活动推行成功后，就应该依照样板区的工作标准、工作经验在公司内各车间、各部门大面积地横向展开。

2.7　6S活动日常检查与评比活动

2.7.1　检查与评比的活动方式

6S检查与评比分日常检查、定期/不定期检查两种方式。

2.7.1.1　日常检查

（1）由指定专人依照事先拟定的检查项目每日进行检查。

（2）当发现不合格项或违规项时，检查人员应当场记录，请当事人签名。当事人不在现场时，要拍照存证，或由现场其他人员签名。

（3）有不合格项或违规项时，视为严重违纪，检查人可逐级上报，至最终裁决层。

2.7.1.2　定期/不定期检查

由6S管理推进小组实施，检查方式比照日常检查进行。其检查路径、顺序由抽签方式即时决定。

定期检查评比通常一个月一次,针对的是所有的部门、所有的区域,同时,企业对检查的结果一定要做出比较,要排定名次,如果企业设有"6S之星"流动红旗的话,也要让这面红旗流动起来,以发挥激励的作用。

2.7.2 制定检查评分标准

检查评分标准要事先制定好,可以按车间和办公室来区分,以下各提供一些范本供参考。

【范本09】办公区6S检查评分标准表

办公区6S检查评分标准表

被检查部门:　　　　　　得分:　　　　　　日期:

序号	检查标准	得分	备注
1	桌椅摆放整齐,擦拭干净,明确保养责任人		
2	办公桌、台柜文件、资料、用具做好定位管理		
3	办公桌面文件、文具是否按要求摆放整齐		
4	电话、电脑、打印机无尘		
5	桌椅、台柜无积尘		
6	电脑线、电话线是否束起来,电源线路排列整齐		
7	个人物品与办公用品分开放置		
8	私人水杯是否按要求摆放		
9	台柜放置物品有标示且与存放的内容一致		
10	下班时,桌面清理整齐干净		
11	地面、角落清扫干净无积尘、纸屑		
12	各种电源、电路、灭火器及消防栓等是否定期检查		
13	窗帘、窗台干净无尘		
14	墙壁无蜘蛛网、手脚印		
15	墙壁无乱涂乱画、乱张贴		
16	办公桌上没有与工作无关的物品		
17	垃圾桶是否有定位线、最高定量线		

续表

序号	检查标准	得分	备注
18	垃圾桶内的垃圾是否及时清理		
19	文件是否分类存放、标识清楚并有明确的负责人		
20	不要的旧文件、资料是否及时处理		
21	是否能随时取出必要的文件		
22	文件夹有标示且与放置内容一致		
23	同一部门的文件标识是否统一		
24	是否按公司着装要求着装		
25	厂区内只允许在指定区域进食		
26	加分项		
总分：			
负责人签名：		检查人签名：	

评分标准："0"表示没有或部分区域没有推行6S活动；"1"表示工作表现差，虽开展了6S活动，但没效果；"2"表示工作一般，有但不严重；"3"表示工作优良，基本符合6S活动要求；"4"表示工作优秀，6S活动推行彻底。

 【范本10】车间6S检查评分标准表 ▶▶▶

车间6S检查评分标准表

被检查部门：　　　　　　得分：　　　　　　日期：

序号	检查标准	得分	备注
1	经常使用的物品放在易取的地方		
2	长期不用但偶尔使用的物品放置在指定的位置		
3	物料、物品放置有总体规划		
4	区域划分有标识，且标识清楚		
5	是否划分不良品区，不良品是否有明确的标识		
6	不同的生产线、工序设有标识牌		
7	不同物料用适当的标识进行区分		

37

续表

序号	检查标准	得分	备注
8	加工材料、待检物料、半成品等摆放整齐、美观		
9	搬运工具定位摆放,无油污		
10	机械设备清洁,无油墨或机油滴落		
11	机械设备摆放整齐,并有相应的标识		
12	工具摆放整齐、美观,且有标识		
13	工作台面整齐干净,无杂物、异物和私人用品		
14	工作场所整洁、不杂乱,且无杂物、异味		
15	原辅材料、半成品、成品要做到账、物、卡三者一致		
16	各种物料放置符合先进先出的原则		
17	地面清洁,无杂物、无油渍、无灰尘		
18	墙面、天花板、门窗清洁,无蜘蛛网、污迹		
19	安全出口是否堆放有其他杂物		
20	是否按作业规定使用劳保用品		
21	各种电源、电路、灭火器及消防栓等是否定期检查		
22	清洁用品(抹布、手套、扫把等)定位摆放		
23	垃圾桶是否及时清理		
24	工作人员按要求着装、佩戴工作卡		
25	部门内部是否有关于6S的宣传栏		
26	加分项		
总分:			
负责人签名: 检查人签名:			
评分标准:"0"表示没有或部分区域没有推行6S活动;"1"表示工作表现差,虽开展了6S活动,但没效果;"2"表示工作一般,有但不严重;"3"表示工作优良,基本符合6S活动要求;"4"表示工作优秀,6S活动推行彻底。			

2.7.3 实施检查

评比与考核的实施与内审差不多(请参考内审的有关内容),在此不多述。

2.7.4 检查后的处理

2.7.4.1 针对问题点发出红牌

这一点也与内部审核一样,企业一定要针对不合格的地方发出红牌,要求被检查部门做出改善,承诺改善日期,并在确定的日期内进行复查,直到改善好为止。

2.7.4.2 评比结果汇总

检查与评比组组长根据各个成员的"6S活动评比与考核表"填写"6S活动评比与考核结果报告表",并连同评比检查表一起上交6S推行办公室。由6S推行办公室做出评比结果汇总如表2-6所示。

表2-6 工厂6S检查打分情况汇总表

6S区域		检查日期	检查人员	6S检查打分	上月得分	备注
办公区	市场部					
	技术部					
	采购部					
	PMC					
	仓库					
	品质部					
	工程部					
车间	电镀车间					
	喷漆车间					
	装配车间					
	包装车间					
	……					
仓库	原材料仓					
	半成品仓					
	成品仓					

2.7.5 评比分析报告

评比分析报告即对本次评比中出现的问题,尤其是扣分比较多的问题进行分析,提出改进措施。以下提供某企业各车间6S检查内容汇总及简析报告供参考。

🔍【范本11】××××年度各车间6S检查内容汇总及简析 ▶▶▶

××××年度各车间6S检查内容汇总及简析

序号	检查标准	各车间失分项分析	改善建议
1	经常使用的物品放在易取的地方	本项各车间做得较好,极少扣分,但现场容易出现混乱	各车间注意综合评估现场环境,统一规划,合理放置
2	长期不用但偶尔使用的物品放置在指定的位置	多数区域做得较到位,较少扣分,但主要不足是无相应标志	各车间加强管理,及时做好标示
3	物料、物品放置有总体规划	各区域均有总体规划概念,但现场没有明确体现,有时因人员调动,会出现混乱	车间从总体上规划本部门的清洁区,重点控制,全面预防
4	区域划分有标志,且标志清楚	各部门或区域极少被扣分,做得较好	
5	是否划分不良品区,不良品是否有明确的标志	多数区域做得较到位,个别部门因划分不明确,无固定区域,易导致不良品出现交叉污染隐患,主要涉及区域为成品仓	做好规划,明确不同产品区域,同时加强日常管理和监督检查工作
...			

评分标准:满分100分,共25个项目,每个分项目满分为4分。第26项为"加分项",奖励提出合理化建议者。"0"分表示该单项没有或部分区域没有推行6S活动;"1"分表示该单项工作表现差,虽开展了6S活动,但没效果;"2"分表示该单项工作一般,有但不严重;"3"分表示该单项工作优良,基本符合6S活动要求;"4"分表示该单项工作优秀,6S活动推行彻底。"加分项"定为每个合理化建议加2分。

2.7.6 评比结果的运用

每次评比与考核都应该将结果公布出来(以金榜的方式),并根据评比考核办法,该奖励的要奖励,该罚的要罚。如果有流动红旗的话,一定要运用起来。

2.8　6S活动评审

为评价6S活动和有关结果是否符合公司的期望和要求，以及寻求继续改善的可能性空间，有些企业会按照ISO9001管理体系的要求进行自我系统性的检查，也就是内部审核，内部审核的活动通常一个季度一次，有的也可能一年才一次。

2.8.1　制定6S审核评分标准

为确保定期的6S内部审核有标准可依，也使内部审核具有公平性，企业须事先制定评分标准，而且这一标准要让全体员工了解，以便在评审时能做到心服口服。

对工厂而言，6S的内审检查评分标准分为两种：一种是用于工作现场的评分标准，适用于车间、仓库等一线部门；另一种是科室评分标准，适用于办公室等非生产一线的工作场所。评分标准中的内容一般按整理、整顿、清扫、节约、安全、清洁、素养七个方面来制定，也可以根据所在地方的布置情况来进行设计。以下就办公区与生产区来划分提供评分标准，供读者参考。

【范本12】办公区6S内审评分标准 ▶▶▶

办公区6S内审评分标准

项目	序号	标准内容	扣分
1.1 地面	1.1.1	办公设施信道畅通明确	1.5
	1.1.2	地上无垃圾、无杂物，保持清洁	1.5
	1.1.3	暂放物有"暂放标志牌"	1.5
	1.1.4	物品存放于定位区域内	1.5
	1.1.5	地面无积水	1.5
	1.1.6	地面的安全隐患处（突出物、地坑等）应有防范或警示措施	1.5
1.2 垃圾桶	1.2.1	定位摆放，标志明确	1.5
	1.2.2	本身保持干净，垃圾不超出容器	1.5
1.3 盆栽（包括台上摆放的）	1.3.1	盆栽需定位（无需定位线）	1.5
	1.3.2	盆栽周围干净、美观	1.5

续表

项目	序号	标准内容	扣分
1.3 盆栽（包括台上摆放的）	1.3.3	盆栽叶子保持干净，无枯死	1.5
	1.3.4	盆栽容器本身干净	1.5
2.1 办公桌、椅	2.1.1	办公桌定位摆放，隔断整齐	1.5
	2.1.2	抽屉应分类标志，标志与物品相符	1.5
	2.1.3	台面保持干净，无灰尘杂物，无规定外的物品	1.5
	2.1.4	台面物品按定位摆放（除正在使用外），不拥挤凌乱	1.5
	2.1.5	人员下班或离开工作岗位10分钟以上，台面物品、办公椅归位	1.5
	2.1.6	办公抽屉不杂乱，公私物品分类定置	1.5
	2.1.7	与正进行的工作无关的物品应及时归位	1.5
	2.1.8	玻璃下压物尽量减少并放整齐，不压日历、电话表以外的资料	1.5
2.2 茶水间、饮水区	2.2.1	地面无积水	1.5
	2.2.2	整洁、卫生	1.5
	2.2.3	饮水器保持正常状态	1.5
	2.2.4	水杯、水瓶定位、标志	1.5
2.3 其他办公设施	2.3.1	热水器、空调、电脑、复印机、传真机、碎纸机等保持正常状态，有异常作出明显标志	1.5
	2.3.2	保持干净	1.5
	2.3.3	明确责任人	1.5
	2.3.4	暖气片及管道上不得放杂物	1.5
3.1 门、窗	3.1.1	门扇、窗户玻璃保持明亮干净	1.5
	3.1.2	窗帘保持干净	1.5
	3.1.3	窗台上无杂物	1.5
	3.1.4	门窗、窗帘无破坏	1.5
	3.1.5	有门牌标志	1.5
	3.1.6	门窗玻璃无乱张贴现象	1.5
3.2 墙	3.2.1	保持干净，无脏污、乱画	1.5
	3.2.2	没有非必需品悬挂	1.5
	3.2.3	电器开关处于安全状态，标志明确	1.5

续表

项目	序号	标准内容	扣分
3.2 墙	3.2.4	墙身贴挂应保持整齐，表单、通知定位在公告栏内	1.5
	3.2.5	墙体破损处及时修理	1.5
	3.2.6	没有蜘蛛网	1.5
3.3 天花板	3.3.1	破损处及时修复，没有剥落	1.5
	3.3.2	没有吊着非必需品	1.5
3.4 公告栏、看板	3.4.1	单位主要部门应有看板（如"人员去向板""管理看板"等）	1.5
	3.4.2	做好版面设置，标题明确，有责任人	1.5
	3.4.3	无过期张贴物	1.5
	3.4.4	员工去向管理板及时填写、擦除	1.5
	3.4.5	笔刷齐备，处于可使用状态	1.5
	3.4.6	内容充实，及时更新	1.5
4.1 文件资料、文件盒	4.1.1	定位分类放置	1.5
	4.1.2	按规定标志清楚，明确责任人	1.5
	4.1.3	夹（盒）内文件定期清理、归档	1.5
	4.1.4	文件夹（盒）保持干净	1.5
	4.1.5	文件归入相应文件夹（盒）	1.5
	4.1.6	单位组长以上管理人员应建立《6S专用文件夹》，保存主要的6S活动资料文件	1.5
4.2 文件柜（架）	4.2.1	文件柜分类标志清楚，明确责任人	1.5
	4.2.2	文件柜保持干净，柜顶无积尘、杂物	1.5
	4.2.3	文件柜里放置整齐	1.5
	4.2.4	文件柜内物品、资料应分区定位，标志清楚	1.5
5.1 服装、鞋袜	5.1.1	不穿时存于私人物品区	1.5
	5.1.2	服装、鞋袜、洗漱用品放入指定区域	1.5
5.2 私物	5.2.1	一律摆放于私人物品区	1.5
6.1 着装标准	6.1.1	按着装规定穿戴服装	1.5
	6.1.2	工作服、帽干净无破损	1.5

第2章 6S推进的关键事项

续表

项目	序号	标准内容	扣分
6.2 规章制度	6.2.1	没有呆坐，打瞌睡	1.5
	6.2.2	没有聚集闲谈或大声喧哗	1.5
	6.2.3	没有吃零食	1.5
	6.2.4	不做与工作无关的事项（看报、小说等）	1.5
	6.2.5	没有擅自串岗、离岗	1.5
	6.2.6	配合公司6S活动，尊重检查指导人员，态度积极主动	1.5
	6.2.7	单位班组长以上管理人员应建立《6S专用文件夹》，保存主要的6S活动资料文件	1.5
	6.2.8	工作区域的6S责任人划分清楚，无不明责任的区域	1.5
	6.2.9	《6S区域清扫责任表》和点检表要按时、准确填写，不超前、不落后，保证与实际情况相符	1.5
	6.2.10	单位应制定本单位"6S员工考核制度"，并切实执行，保存必要记录	1.5
	6.2.11	单位应有"6S宣传栏（或园地）"，有专人负责，定期更换，并保存记录	1.5
	6.2.12	单位经常对职工（含新员工）进行6S知识的宣传教育，并有记录	1.5
	6.2.13	单位建立经常性的晨会制度，车间级每天至少一次，班组每天班前进行一次	1.5
	6.2.14	按《礼貌运动推行办法》教育职工，要求员工待人有礼节，不说脏话，做文明礼貌人	1.5
	6.2.15	各单位应制定本单位《职业规范》，教育职工严格遵守	1.5
	6.2.16	要求单位成员对6S活动的口号、6S意义、基本知识有正确认识，能够表述	1.5
7.1 能源	7.1.1	厉行节约，无长流水，无长明灯等浪费	1.5
8.1 休息室、休息区、会客室、会议室	8.1.1	各种用品保持干净，定位标志	1.5
	8.1.2	各种用品及时归位，凳子及时归位	1.5
	8.1.3	饮用品应保证安全卫生	1.5
	8.1.4	烟灰缸及时倾倒，烟头不乱扔	1.5
	8.1.5	地面保持干净	1.5

续表

项目	序号	标准内容	扣分
8.2 洗手间	8.2.1	保持干净,无大异味,无乱涂画	1.5
	8.2.2	各种物品应摆放整齐,无杂物	1.5
8.3 清洁用具	8.3.1	清洁用具定位摆放,标志明确	1.5
	8.3.2	本身干净,容器内垃圾及时倾倒	1.5
9.1 加减分	9.1.1	同一问题重复出现,重复扣分	2
	9.1.2	发现未实施整理整顿清扫的"6S实施死角"1处	10
	9.1.3	有突出成绩的事项(如创意奖项),视情况加分	+2

【范本13】作业区6S内审评分标准

作业区6S内审评分标准

项目	序号	标准内容	扣分
1.1 地面上	1.1.1	地面物品摆放有定位、标志、合理的容器	1.5
	1.1.2	地面应无污染(积水、油污、油漆等)	1.5
	1.1.3	地面应无不要物、杂物和卫生死角	1.5
	1.1.4	地面区域划分合理,区域线、标志清晰无剥落	1.5
	1.1.5	应保证物品存放于定位区域内,无压线	1.5
	1.1.6	安全警示区划分清晰,有明显警示标志,悬挂符合规定	1.5
	1.1.7	地面的安全隐患处(突出物、地坑等)应有防范或警示措施	1.5
1.2 设备、仪器、仪表、阀门	1.2.1	开关、控制面板标志清晰,控制对象明确	1.5
	1.2.2	设备仪器保持干净,摆放整齐,无多余物	1.5
	1.2.3	设备仪器明确责任人员,坚持日常点检,有真实的记录,确保记录清晰、正确	1.5
	1.2.4	应保证处于正常使用状态,非正常状态应有明显标志	1.5
	1.2.5	危险部位有警示和防护措施	1.5
	1.2.6	设备阀门标志明确	1.5
	1.2.7	仪表表盘干净清晰,有正确的正常范围标志	1.5

续表

项目	序号	标准内容	扣分
1.3 材料、物料	1.3.1	放置区域合理划分,使用容器合理,标志明确	1.5
	1.3.2	各种原材料、半成品、成品应整齐码放于定位区内	1.5
	1.3.3	不合格品应分类码放于不合格品区,并有明显的标志	1.5
	1.3.4	物料、半成品及产品上无积尘、杂物、脏污	1.5
	1.3.5	零件及物料无散落地面	1.5
1.4 容器、货架	1.4.1	容器、货架等应保持干净,物品分类定位摆放整齐	1.5
	1.4.2	存放标志清楚,标志向外	1.5
	1.4.3	容器、货架本身标志明确,无过期及残余标志	1.5
	1.4.4	容器、货架无破损及严重变形	1.5
	1.4.5	危险容器搬运应安全	1.5
1.5 叉车、电瓶车、拖车	1.5.1	定位停放,停放区域划分明确,标志清楚	1.5
	1.5.2	应有部门标志和编号	1.5
	1.5.3	应保持干净及安全使用性	1.5
	1.5.4	应有责任人及日常点检记录	1.5
1.6 工具箱、柜	1.6.1	柜面标志明确,与柜内分类对应	1.5
	1.6.2	柜内工具分类摆放,明确品名、规格、数量	1.5
	1.6.3	有合理的容器和摆放方式	1.5
	1.6.4	各类工具应保持完好、清洁,保证使用性	1.5
	1.6.5	各类工具使用后及时归位	1.5
	1.6.6	柜顶无杂物,柜身保持清洁	1.5
1.7 工作台、凳、梯	1.7.1	上面物品摆放整齐、安全,无不要物和非工作用品不得摆放	1.5
	1.7.2	保持正常状态整洁干净	1.5
	1.7.3	非工作状态时按规定位置摆放(归位)	1.5
1.8 清洁用具、清洁车	1.8.1	定位合理不堆放,标志明确,及时归位	1.5
	1.8.2	清洁用具本身干净整洁	1.5
	1.8.3	垃圾不超出容器口	1.5
	1.8.4	抹布等应定位,不可直接挂在暖气管上	1.5

续表

项目	序号	标准内容	扣分
1.9 暂放物	1.9.1	不在暂放区的暂放物需有暂放标志	1.5
	1.9.2	暂放区的暂放物应摆放整齐、干净	1.5
1.10 呆料	1.10.1	有明确的摆放区域，并予以分隔	1.5
	1.10.2	应有明显标志	1.5
	1.10.3	做好防尘及清扫工作，保持干净及原状态	1.5
1.11 油桶、油类	1.11.1	有明确的摆放区域，分类定位，标志明确	1.5
	1.11.2	按要求摆放整齐，加油器具定位放置，标志明确，防止混用	1.5
	1.11.3	油桶、油类的存放区应有隔离防污措施	1.5
1.12 危险品（易燃、有毒等）	1.12.1	有明确的摆放区域，分类定位，标志明确	1.5
	1.12.2	隔离摆放，远离火源，并有专人管理	1.5
	1.12.3	有明显的警示标志	1.5
	1.12.4	非使用时应存放指定区域内	1.5
1.13 信道	1.13.1	信道划分明确，保持通畅，无障碍物，不占道作业	1.5
	1.13.2	两侧物品不超过信道线	1.5
	1.13.3	占用信道的工具、物品应及时清理或移走	1.5
	1.13.4	信道线及标志保持清晰完整	1.5
2.1 墙身	2.1.1	墙身、护墙板及时修复，无破损	1.5
	2.1.2	保持干净，没有剥落及不要物，无蜘蛛网、积尘	1.5
	2.1.3	贴挂墙身的各种物品应整齐合理，表单通知归入公告栏	1.5
	2.1.4	墙身保持干净，无不要物（如过期标语、封条等）	1.5
	2.1.5	主要区域、房间应有标志铭牌或布局图	1.5
	2.1.6	生产现场应无隔断遮挡、自建房中房等	1.5
2.2 资料、标志牌	2.2.1	应有固定的摆放位置，标志明确	1.5
	2.2.2	作业指导书、记录、标志牌等挂放或摆放整齐、牢固、干净	1.5
	2.2.3	标牌、资料记录，正确具有可参考性	1.5
	2.2.4	组长以上管理人员应建立《6S专用文件夹》，保存主要的6S活动资料文件	1.5

续表

项目	序号	标准内容	扣分
2.3 宣传栏、看板	2.3.1	主要班组应有看板（如"班组园地""管理看板"等）	1.5
	2.3.2	干净并定期更换，无过期公告，明确责任人	1.5
	2.3.3	版面设置美观、大方，标志明确，内容充实	1.5
2.4 桌面	2.4.1	现场桌面无杂物、报纸或杂志	1.5
	2.4.2	物品摆放有明确位置，不拥挤凌乱	1.5
	2.4.3	桌面干净，无明显破损	1.5
	2.4.4	玻璃下压物尽量减少并放整齐，不压日历、电话表以外的资料	1.5
2.5 电器、电线、开关、电灯	2.5.1	开关须有控制对象标志，无安全隐患	1.5
	2.5.2	保持干净	1.5
	2.5.3	电线布局合理整齐，无安全隐患（如裸线、上挂物等）	1.5
	2.5.4	电器检修时需有警示标志	1.5
2.6 消防器材	2.6.1	摆放位置明显，标志清楚	1.5
	2.6.2	位置设置合理，有红色警示线，线内无障碍物	1.5
	2.6.3	状态完好，按要求摆放，干净整齐	1.5
	2.6.4	有责任人及定期点检	1.5
2.7 辅助设施	2.7.1	风扇、照明灯、空调等按要求放置，清洁无杂物，无安全隐患	1.5
	2.7.2	日用电器无人时应关掉，无浪费现象	1.5
	2.7.3	门窗及玻璃等各种公共设施干净无杂物	1.5
	2.7.4	废弃设备及电器应标志状态，及时清理	1.5
	2.7.5	保持设施完好、干净	1.5
	2.7.6	暖气片及管道上不得放杂物	1.5
3.1 着装及劳保用品	3.1.1	劳保用品明确定位，整齐摆放，分类标志	1.5
	3.1.2	按规定要求穿戴工作服，着装整齐、整洁	1.5
	3.1.3	按规定穿戴面罩、安全帽等防护用品	1.5
	3.1.4	晾衣应有专门区域，合理设置不影响工作及房间美观	1.5
3.2 规章制度	3.2.1	工作时间不得睡觉、打瞌睡	1.5
	3.2.2	无聚集闲谈、吃零食和大声喧哗	1.5

续表

项目	序号	标准内容	扣分
3.2 规章制度	3.2.3	不看与工作无关的书籍、报纸、杂志	1.5
	3.2.4	不乱丢烟头（工作区、厂区）	1.5
	3.2.5	配合公司6S活动，尊重检查指导人员，态度积极主动	1.5
	3.2.6	要求单位成员对6S活动的口号、6S意义、基本知识有正确认识，能够表述	1.5
	3.2.7	没有擅自串岗、离岗	1.5
	3.2.8	单位班组长以上管理人员应建立《6S专用文件夹》，保存主要的6S活动资料文件	1.5
	3.2.9	工作区域的6S责任人划分清楚，无不明责任的区域	1.5
	3.2.10	《6S区域清扫责任表》和点检表要按时、准确填写，不超前、不落后，保证与实际情况相符	1.5
	3.2.11	单位应制定本单位"6S员工考核制度"，并切实执行，保存必要之记录	1.5
	3.2.12	应有"6S宣传栏（或园地）"，有专人负责，定期更换，并保存记录	1.5
	3.2.13	经常对职工（含新员工）进行6S知识的宣传教育，并有记录	1.5
	3.2.14	建立晨会制度，车间级每天至少一次，班组每天班前进行一次	1.5
	3.2.15	按《礼貌运动推行办法》教育职工，要求员工待人有礼节，不说脏话，做文明礼貌人	1.5
	3.2.16	制定本单位《职业规范》，教育职工严格遵守	1.5
	3.2.17	员工对6S活动的口号、6S意义、基本知识有正确认识，能够表述	1.5
3.3 生活用品、私人用品	3.3.1	定位标志，整齐摆放，公私物品分开	1.5
	3.3.2	水壶、水杯按标志摆放整齐，保持干净	1.5
	3.3.3	毛巾、洗漱用品、鞋袜等按要求摆放整齐，保持干净	1.5
3.4 加减分	3.4.1	同一问题重复出现，重复扣分	2
	3.4.2	发现未实施整理整顿清扫的"6S实施死角"1处	10
	3.4.3	有突出成绩的事项（如创意奖项），视情况加分	+2

2.8.2 制定内部审核评分表

2.8.2.1 制定评分表的规则

制定评分表要遵循以下原则。

（1）绝对不能用一张表打通关，因为，用这种类似平等方式的评分方式，是很容易使得这项活动不了了之的，所以，一定要依单位的性质予以不同的评分内容与标准。

（2）将所希望的有关部门达到的目标或方向作为检核的内容，让他们知道，公司就是希望他们达到这些目标或方向，如此一来，执行单位就能比较集中到企业所需求的方向上。

同时，在编制过程中还要考虑到不同企业的实际情况和生产特点，力求内容全面，但版本不能太多，这样大家可以在一个平台上进行考核，互相有比较。

另外，由于每一家企业的性质都不同，所以，为了达到6S的评分表能保证客观的目的，评分表的设计最好是量身定做，当然，在这方面若有困难的话，可找些其他公司或参考书上现成的例子，在此基础上略加修改而形成。

2.8.2.2 评分表举例

以下也按车间（生产区）和办公区的划分来列举内审评分表供参考。

【范本14】车间6S内审评分表

车间6S内审评分表

序号	项目	项目内容	评定分数		车间A	车间B	……
1	整理	责任区内把永远不用及不能用的物品清理掉	0	2			
		责任区内把半个月以上不用的物品放置指定位置	0	2			
		工作台面上废料及时清理，并放置在指定废料盒上	0	2			
		责任区的每一区域6S有指定的负责人并标识	0	2			
		重点工位不良品及时清理，并放在指定地方	0	2			
		车间管理人员办公桌按办公区6S规范严格要求，搞好6S	0	2			

续表

序号	项目	项目内容	评定分数		车间A	车间B	……
2	整顿	工作区、物品放置区、信道位置必须进行规划,并明显标识	0	2			
		责任区内产品、吸塑盒、工装夹治具、物料的放置有规划	0	2			
		产品、吸塑盒、工装夹治具,物料放置分类,并明显标识	0	2			
		信道畅通,无物品占住通道	0	2			
		生产线有标识,物料盒有标识	0	2			
		工序有标识	0	2			
		设备标识	0	2			
		工装夹治具有标识	0	2			
		仪器设备,工模夹治具摆放整齐	0	2			
		工作台面物料、成品、半成品摆放整齐	0	2			
3	清扫	地面无碎物,脏污	0	2			
		墙壁无污痕	0	2			
		天花板无蜘蛛网	0	2			
		门窗,抹洗干净,无灰尘	0	2			
		工作台面清扫干净,无灰尘	0	2			
		仪器设备、工模夹具,无灰尘油污,干净清洁	0	2			
		箱盖无灰尘	0	2			
4	安全	本月内没有安全事故发生(如有,安全项为0分)	0	2			
		每个楼层均有紧急逃生图且为员工理解	0	2			
		车间安全标识齐全且张贴于醒目处	0	2			
		设备操作指导书上均有安全操作规则	0	2			
		设备、化学品均处于安全状态	0	2			
		所有安全信道、消防信道均畅通无阻	0	2			
		定期进行安全意识的培训	0	2			
		定期进行安全事故的统计和原因分析并向员工倡导	0	2			

续表

序号	项目	项目内容	评定分数		车间A	车间B	……
5	清洁	每天下班有6S工作安排	0	2			
		有自我检查计划并做记录（检查人、时间、情况）	0	2			
		对存在的问题能纠正改善	0	2			
		整理、整顿、清扫保持要好	0	2			
		物料盒、废料盒定时清洁	0	2			
6	素养	员工戴厂牌，着装符合规范，工帽符合规范	0	2			
		生产线工作人员工作时间有否佩戴手表及其他金属物	0	2			
		员工离位必须把凳子放在靠工作台的地方	0	2			
		员工必须按制程要求佩戴指套、防静电手腕	0	2			
		温湿度记录表完整	0	2			
		必须对6S核查人员的询问热情回答	0	2			
		工作时间观念强	0	2			
		工作人员坐姿端正	0	2			
		总分					

检查员：　　　　　　　　　　　检验日期：

【范本15】办公室6S内审评分表

办公室6S内审评分表

序号	项目	项目内容	评定分数		采购部	财务部	……
1	整理	将不再使用的文件资料、工具废弃处理	0	2			
		将长期不使用的文件数据按编号归类放置指定文件柜	0	2			
		将常使用的文件数据放置就近位置	0	2			

续表

序号	项目	项目内容	评定分数		采购部	财务部	……
1	整理	将正在使用的文件数据分未处理、正处理、已处理三类	0	2			
		将办公用品摆放整齐	0	2			
		台面、抽屉最低限度的摆放	0	2			
2	整顿	办公桌、办公用品、文件柜等放置要有规划和标识	0	2			
		办公用品、文件放置要整齐有序	0	2			
		文件处理完后均要放入活页夹，且要摆放整齐	0	2			
		活页夹都有相应的标识，每份文件都应有相应的编号	0	2			
		办公桌及抽屉整齐、不杂乱	0	2			
		私人物品放置于规定位置	0	2			
		计算机线用绑带扎起，不零乱	0	2			
		用计算机检索文件	0	2			
3	清扫	将地面、墙、天花板、门窗、办公台等打扫干净	0	2			
		办公用品擦洗干净	0	2			
		文件记录破损处修补好	0	2			
		办公室通风，光线通足	0	2			
		没有噪声和其他污染	0	2			
4	安全	本月内没有安全事故发生（如有，安全项为0分）	0	2			
		每个楼层均有紧急逃生图且为员工理解	0	2			
		安全标识齐全且张贴于醒目处	0	2			
		所有安全信道、消防信道均畅通无阻	0	2			
		定期进行安全意识的培训	0	2			
		定期进行安全事故的统计和原因分析并向员工倡导	0	2			
5	清洁	每天上下班花3分钟做6S工作	0	2			
		随时自我检查，互相检查，定期或不定期进行检查，对不符合的情况及时纠正	0	2			
		整理、整顿、清扫保持得非常好	0	2			

续表

序号	项目	项目内容	评定分数	采购部	财务部	……
6	素养	员工戴厂牌、穿厂服且整洁得体，仪容整齐大方	0 2			
		员工言谈举止文明有礼，对人热情大方	0 2			
		员工工作精神饱满，员工有团队精神，互帮互助，积极参加6S活动，员工时间观念强	0 2			
总分						

检查员：　　　　　　　　　　检验日期：

2.8.3 实施审核

2.8.3.1 主要审核内容

（1）执行标准是否贯彻实施。

（2）全员意识是否建立。

2.8.3.2 审核思路

审核思路如图2-3所示。

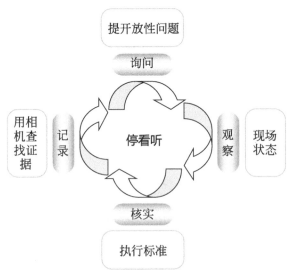

图2-3　6S的审核思路

2.8.3.3 提出不符合项

对在现场审核中发现的不符合点应该拍下照片,用箭头标出不符点,并用文字明确地描述不符合的情况,如图2-4所示。

【范本16】现场6S不符合项图片示例

(1) 纸箱杂物堆放在设备中间

(2) 地面桌面有废弃线皮

(3) 电源箱门没有关

(4) 货品堆放接近光源

图2-4 现场6S不符合项图片

2.8.3.4 出具不合格报告

要出具不合格报告,将不合格事项加以说明,并把判断依据等填写清楚,如表2-7所示。

表2-7 6S检查不合格报告

受检查部门:　　　　　　检查员:　　　　　　检查日期:

序号	不合格事项说明	依据	确认	预计改善完成日期	改善跟进

2.8.4 实施状况跟踪

跟踪是审核的继续,是对受审核方的纠正和预防措施进行的评审,是验证并判断效果,并对验证的情形进行记录。

2.8.4.1 跟踪的形式

以书面文件的形式提供给审核员或跟踪工作负责人,作为已进行纠正和预防措施的证据;审核员到现场进行跟踪、验证工作。

2.8.4.2 跟踪工作中审核员的职责

(1)证实受审核方已经找到不合格的原因。
(2)证实采取的纠正和预防措施是有效的。
(3)在跟踪过程中,审核员要证实所涉及的人员对纠正和预防措施有所认识,并进行了适当地培训,以适应变化后的情况。审核员要记录所采取的纠正和预防措施,并对有关文件进行改进。同时要向审核组长报告跟踪的结果。

2.8.4.3 跟踪程序

(1)审核组识别实际或潜在的不合格。
(2)审核组要向受审核方提出采取纠正和预防措施的建议,向受审核方发出改善通知。
(3)受审核方要提交纠正和预防措施的计划。
(4)对采取纠正和预防措施的可行性予以评审。
(5)受审核方要实施并完成纠正预防措施。
(6)审核人员对审核状况不满意时,可以要求审核部门再采取下一步的行动。
不符合项纠正预防计划如表2-8所示。

表2-8 不符合项纠正预防计划

序号	不符合项	纠正预防措施	责任部门	责任人	计划完成日期	确认人	确认结果	备注

【范本17】6S纠正及预防措施通知 ▶▶▶

纠正及预防措施通知

不合格点的说明　　　　　　　　　　NC编号：　6SCAR02090702

审核日期：　2018年9月7日　　　　审核员/记录员：　胡明辉

审核地点：　C拉坏料区　　　　　　违反标准：　2.1

改善前相片

不合格点的说明：
C拉坏料区的待退料中多种待退料无标示（第37周）

纠正及预防措施　　　纠正人：　吴柏延　　　纠正日期：2018年11月17日

改善后相片

纠正及预防措施：
C拉坏料区的待退料中多种待退料均分类包装和标示（第38周）

跟进结果：

跟进者：　胡明辉　　　审批：　冯旦旦　　　　　　2018年11月17日

2.8.4.4　跟踪要点

对于采取的纠正和预防措施，如果效果不好时，应该重新采取纠正措施，并进行更细致地跟踪检查，对有效地纠正和预防措施，应该采取巩固措施。

实施跟踪的人员可由原审核组的成员来进行,也可以委托其他有资格的人来进行。实施跟踪的人员必须了解该项跟踪工作的资料和情况。

2.8.4.5 跟踪检查报告

跟踪检查报告就是对于重大的纠正或预防措施的跟踪情况所形成的书面报告。跟踪检查报告可以针对一条或若干条纠正和预防措施,视具体情况而定,报告应该反映纠正和预防措施结果的判断,报告是由跟踪检查人来撰写,由跟踪工作负责人,如审核组长、6S推进委员会的主任来批准。以下提供两个范本供参考。

【范本18】6S跟踪检查报告示例

6S跟踪检查报告示例

序号	不良状况描述	责任部门	部门主管	改善措施或处理结果	改善完成时间	内审小组跟踪确认
1	工程部物料仓开关盒上无标志	工程部	张三	已改善		
2	工程部物料仓小材料盒的标志不规范	工程部	张三	未完全改善		
3	工程部物料仓用很多皱纹胶纸贴电源线	工程部	张三	已改善		
...						

【范本19】6S改善方案及执行报告

6S改善方案及执行报告

部门:生产部　　　　　　　　　　　　　　日期:2018年7月30日

评审区域或项目	部门改善方案	部门自评结果	稽查验收结果
一、办公区域			
1.1文件摆放分类标识	(1)同类文件放在一个活页夹中,并做好标识 (2)文件归档后放入文件柜中,并做好标识	好,但还需要改善文件的分类、明细清楚,做到一目了然	

续表

评审区域或项目	部门改善方案	部门自评结果	稽查验收结果
1.2 办公台面/地面整洁	（1）办公台面不允许放置任何物品 （2）地面要求每天进行清扫 （3）地面不允许丢垃圾，随便吐痰	一般。卫生死角很多待清理	
1.3 办公区域广告牌管理	生产现况板上填写内容：当天生产型号、计划数、分组人数、完成时间	清楚、明白，无过期	
1.4 办公用品及纸张管理	纸张做到双面打印，对外工作联系尽量用邮件形式	好，从节约出发，当省则省	
二、加工或装配车间			
2.1 6S状况1	生产现场不允许存放不用的物品或工具	无不用的物品或工具	
2.2 节约（详见部门降低成本方案）	（1）减少生产中产生的边角料 （2）节约用水，下班关电	已OK	
2.3 车间环境的改善状况	生产线实行配料上线，减少生产线物品积压	已OK	
2.4 车间区域标识区分	车间内先要求划分合格品放置区，包装材料放置区	已OK	
2.5 车间物品管理状况	所有物品在规定区域内摆放	已OK	

2.9　定期调查以调整方向

2.9.1　调查方式

定期在公司范围内开展调查，了解员工对6S的认识及推行工作中的问题，请员工提出一些看法和建议，然后，分析这些问题，适时地调整6S活动开展的方向。调查可以用问卷的方式，也可以深入现场进行访谈、拍照。

【范本20】6S推行调查问卷

6S推行调查问卷

姓名：＿＿＿＿＿＿＿＿＿＿　　　　　部门：＿＿＿＿＿＿＿＿＿＿

请根据以下项目，评价6S推行对公司及部门整体运作的表现，以便能订立下半年进行的政策及目标，从而改善工作环境，提高品质、生产能力、形象及竞争力。

序号	评价项目	非常满意 5	满意 4	一般 3	差 2	恶劣 1
1	6S执行效果的维持					
2	所有经营场地之信道（包括宿舍区）畅通程度					
3	各部门区域环境卫生状况					
4	你对6S的认识					
5	部门工作效率（如：取用文件、记录、物料、工具的速度和准确性）					
6	举办6S培训的层次及深度					
7	对于6S审核的频率及力度					
8	对于设立的6S专栏及其内容					
9	6S推行后对产品的质量所起到的作用（如：物料标示、区域划分、指引及文件的规范、仪器校正及设备维护、工作环境的优化等方面）					
10	推行6S后整体公司的形象					

1.对6S推行以来，你认为有哪些方面是改善最显著的地方

＿＿＿＿＿＿＿＿＿＿＿＿＿＿＿＿＿＿＿＿＿＿＿＿＿＿＿＿＿＿＿＿＿＿

2.你认为有哪些方面仍未达到预期目标

＿＿＿＿＿＿＿＿＿＿＿＿＿＿＿＿＿＿＿＿＿＿＿＿＿＿＿＿＿＿＿＿＿＿

3.对于下半年度如何更好地推动6S活动和调动大家的参与积极性，你的建议是：

＿＿＿＿＿＿＿＿＿＿＿＿＿＿＿＿＿＿＿＿＿＿＿＿＿＿＿＿＿＿＿＿＿＿

2.9.2 要出具调查报告

不管是问卷调查,还是深入现场与工作人员访谈、拍照,最好都要有调查报告出来,要对本次调查的结果进行分析、总结,提出下一阶段的任务,最好就某些突出的问题提出具体的建议。以下提供一个模板供参考。

【范本21】6S推行调查问卷统计分析报告(模板)

6S推行调查问卷统计分析报告(模板)

统计期间:

问卷发出份数:　　　　　收回份数:　　　　　收回率:

统计结果如下

问题	非常满意	满意	一般	差	恶劣	满意度
1.6S执行效果的维持						
2.整间公司经营场地之信道(包括宿舍区)畅通程度						
3.各部门区域环境卫生状况						
4.各阶层人员对6S的认识						
5.部门工作效率(如:取用文件/记录/物料/工具的速度和准确性)						
6.举办6S培训的层次及深度						
7.对于6S审核的频率及力度						
8.对于设立的6S专栏及其内容						
9.6S推行后对产品的质量所起到的作用(如:物料标示、区域划分、指引及文件的规范、仪器校正及设备维护、工作环境的优化等方面)						
10.推行6S后整体公司的形象						
合计						

一、对统计结果的分析：
_____
_____

二、委员会成员的意见
1.对6S推行以来有以下方面显著的改善：
_____
_____

2.以下方面仍未达到预期目标：
_____
_____

3.对下半年推行6S的建议：
_____
_____

第3章 6S推进的常用手法

3.1 寻宝活动
3.2 定点摄影法
3.3 红牌作战
3.4 定置管理
3.5 油漆作战
3.6 标志大行动
3.7 目视管理
3.8 看板行动

图解6S管理全案——现场实战版

3.1 寻宝活动

寻宝活动是在整理活动过程中,找出现场的无用物品,进行彻底整理的一种趣味化的手段。所谓宝,是指需要彻底找出来的无用物品。说无用物品是宝,主要是指它对整理活动的成败很有价值的意思,并不是说物品本身有很大价值。

3.1.1 寻宝活动的游戏规则

寻宝活动要顺利进行,首先就要制定游戏规则,打破大家的顾虑。
(1) 只寻找无用物品,不追究责任。
(2) 找到越多的无用物品,奖励越高。
(3) 交叉互换区域寻宝,便于更多地发现无用物品。
(4) 有争议的物品,提交6S推进事务办公室裁决。
(5) 部门重视的,给予部门奖励。

3.1.2 寻宝活动的开展步骤

3.1.2.1 制订寻宝活动计划

寻宝活动实施计划由6S推进委员会制订,推进办公室予以组织实施。计划可以包括如图3-1所示的内容。

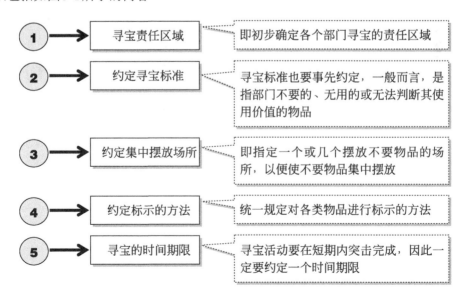

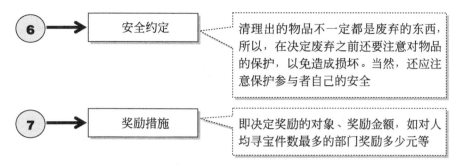

图3-1 寻宝活动实施计划的内容构成

> **提醒您：**
>
> 寻宝活动计划经批准后，要在企业的相关会议、内部局域网、宣传栏等进行传达、沟通和宣传，以营造活动的氛围，激起员工的积极性。

3.1.2.2 寻宝活动的实施

实施寻宝活动就是由各个部门按计划清理出对象物品，统一收集摆放到公司指定的场所，同时要做好以下工作。

（1）对处理前的物品或状态进行拍照，以记录物品的现有状态。

（2）对清理出的物品进行分类，并列出清单。清单中应对物品的出处、数量进行记录，并提出处理意见，按程序报相关部门审核批准。

（3）调查物品的出处，要获得使用部门确认，应该是确实不需要的。

不要物品处理情况要进行记录。如表3-1所示。

表3-1 不要物品处理记录表

部门：　　　　　　　　　　年　月　日

物品名称	规格型号	单位	数量	处理原因	所在部门意见	推委会意见	备注

制表：　　　　　　　　审核：　　　　　　　　批准：

3.1.2.3 集中判定和分类处理

待物品集中之后,组织者应及时召集企业高层和相关部门负责人或专家,依据清单到现场对实物进行集中判定,决定物品的处理方法。物品的处理方式一般有图3-2所示几种。

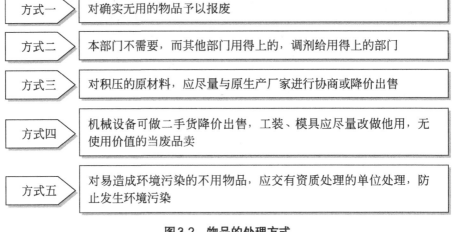

图3-2 物品的处理方式

依据判定的结果,指定相关部门实施处理,在处理过程中也要做好必要的记录,如照相等。

3.1.2.4 进行账面处理

实际上,寻宝活动中找出来的许多物品是企业的固定资产或库存,有必要在财务上做必要的账面处理。

3.1.2.5 总结表彰

寻宝活动结束后,要对活动的结果进行必要的总结,按照事先约定的标准,选出优秀的部门和个人,并给予表彰和奖励。

3.2 定点摄影法

"定点摄影法",就是利用拍照取代照镜子的功能,在同一地点利用有时间显示的相机,把改善前后的情况摄影下来,并公开展示,让执行者和大家一起来评价,这是一个非常实用的方法。

3.2.1 适用活动

定点摄影法主要用于整理、整顿、清扫活动。

3.2.2 怎样进行定点摄影

在地板上画一个点，摄影者站在点上。所摄物体的中心位置也画一个点，摄影时照相机的焦点对准所拍物体上的点（如图3-3所示）。

- ◆ 以同一照相机
- ◆ 从同一位置、同一高度、同一方向
- ◆ 针对同一目标物体
- ◆ 作间隔时间的连续摄影

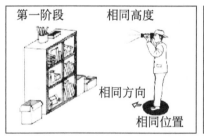

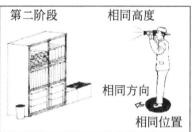

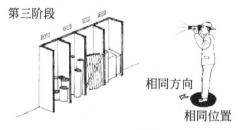

图3-3 定点摄影图示

3.2.3 定点摄影的运用要领

3.2.3.1 制定定点摄影方案及推行方法

为了使定点摄影能起到真正的作用，要在6S推行进行宣传、培训阶段，制定定点摄影方案及推行方法，明确定点摄影的原则、摄影点的选择要求及推行的要领。以下提供一个范本供参考。

【范本22】某公司定点摄影方案及推行方法

某公司定点摄影方案及推行方法

一、目的

为了搞好公司5S管理工作,发现车间或仓库存在的不合理现象,特实行此方法。

二、原则

(1)实行全体员工监督原则。

(2)不罚款原则。

(3)坚持到底、彻底改善原则。

三、方法

(1)在每一个星期内,每次在每个车间或仓库内选定两个不合乎5S管理的区域,进行摄影,并将其公布在公司公告栏上,注明是哪一个车间,车间主管(负责人)是谁,标注改进期限。另在选定的地点上挂上红牌,让全体员工监督其改善情况。

(2)红牌示例如下面的改进通知单所示。

改进通知单

编号:			年 月 日
填单人			
责任部门			
贴示地点			
改善事项			
未定位		不清洁	
未区分		不安全	
未定量		不需要	
其他			
改期限	日内		

(3)在随后的一个星期,在同一地点再给予摄影,同样将其公布在公告栏上,并注明是哪一个车间,车间主管(负责人)是谁。

(4)对于同一地点一次改善彻底的,给予其车间主管全厂通报表扬;而对于同一地点改善不好的、改善力度不够的或寻找借口的,给予其车间主管全厂通报批评,直至此点按照5S的标准整理好为止,方可撤销通报批评。

(5)在以后的每一个星期内,另选地点进行定点摄影,按照以上方法反复进行。

(6)对于在开展5S管理期间,自我主动改善好的或积极配合改善的车间或仓库,同样摄影给予公布表扬。

3.2.3.2 拍前要征得被拍者的同意

由于要拍下工作场所中不愿让其他人看见的"感到不好意思的地方",并展示出来,为了使工作岗位上的作业人员不至于感到难堪,应该事前对员工进行教育,告诉他们"为什么要进行定点摄影",并征得他们的同意。

3.2.3.3 照片运用

照片贴在图表上,以此为基础召开会议。在定点摄影图表上的第一阶段(通常制作四个阶段)里记下摄影日期,贴上照片,记入评分。评分从低到高为1分、2分、3分、4分、5分。建议档的填写较随意,可以由上级填写建议,也可以作为对员工的要求等。

每次实施对策,取得一定的改善效果后,应再次摄影,按时间顺序贴上新照片。但若每改善一次就摄影一次,则随后的工作会相当麻烦,所以可以采取定时摄影,即决定下次摄影日期的方式如表3-2所示。

表3-2 定点摄影图表

部门:　　　　　部门负责人姓名:　　　　　现场责任人姓名:

阶段	照片	摄影日期	评分	建议
第一阶段		4.15	0	1.处理一些无用的物品 2.进行整顿 3.制作文件一览表

续表

阶段	照片	摄影日期	评分	建议
第二阶段	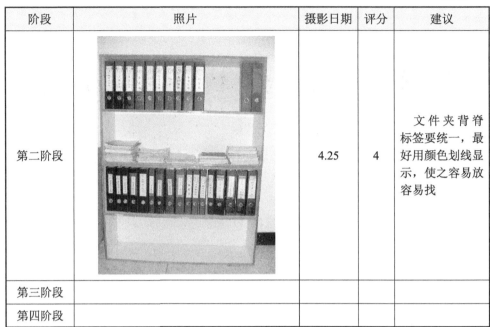	4.25	4	文件夹背脊标签要统一,最好用颜色划线显示,使之容易放容易找
第三阶段				
第四阶段				

3.3 红牌作战

红牌作战,指的是在工厂内找到问题点,并悬挂红牌(红色标签),让大家都明白并积极地去改善,从而达到整理、整顿的目的。

3.3.1 适用活动

红牌作战活动适用于6S活动的全过程。

3.3.2 红牌作战的对象

红牌作战实施对象包括以下几个。

(1)任何不满足"三定""三要素"要求的。

(2)工作场所的不要物。

(3)需要改善的事、地、物,包括超出期限者(包括过期的标语、通告)、物品变质者(含损坏物)、物品可疑者(不明之物)、物品混杂者(合格品与不合格品、规格或状态混杂)、不使用的东西（不用又舍不得丢的物品)、过多的东西（虽要使用但过多)。

(4) 有油污、不清洁的设备。

(5) 卫生死角。

3.3.3 红牌作战的实施程序

红牌作战的实施程序如图3-4所示。

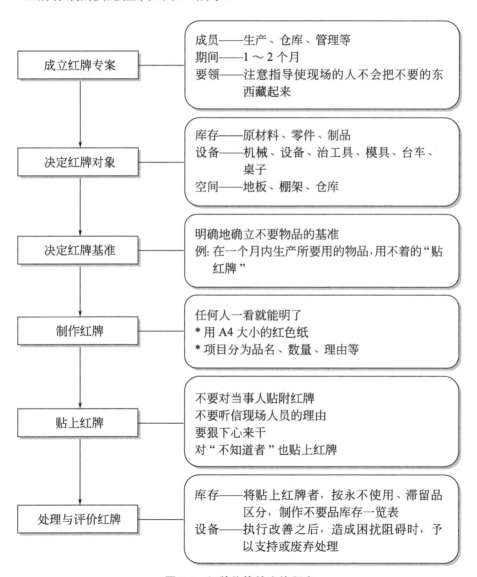

图3-4 红牌作战的实施程序

3.3.3.1 确定贴附红牌的对象

红牌作战的实施对象是违反"三定原则"(定物、定位、定量)的问题,具体包括:工作场所中不要的物品,需要改善的事、地、物(设备、搬运车、踏板、工夹具、刀具、桌、椅、资料、模具、备品、材料、产品、空间等),有油污、不清洁的设备以及卫生死角。具体如表3-3所示。

表3-3 贴附红牌的对象

库存	原材料、零件、半成品、制品
设备	机械设备、治工具、刀具、模具、台车栈板、堆高机、作业台、车辆、桌椅、备品
空间	地板、棚架、房间
文书	通知、通告文书、议事录、事务报告书、签呈、报价单、计数资料
机械	复印机、文书处理机、个人电脑、传真机
备品	文件夹、文件盒、橱柜、锁具、资料盒、桌、椅
文具	铅笔、圆珠笔、橡皮擦、夹子、计算用纸
其他	传票、名片、图书、杂志、报纸、图面、说明书

3.3.3.2 决定红牌基准

"丢弃实在可惜""自己辛辛苦苦做的""总觉得以后用得上"等实在很难说"不要",这是人之常情。为了杜绝此现象,就要明确地制定"要"与"不要"的基准,可根据物品常用程度来判定。如表3-4所示。

表3-4 物品常用程度判定表

常用程度	使用频率	处理方法
低	过去一年都没有使用过的物品(不能用或不再用)	丢弃
	在过去的6~12个月中只使用(可能使用)过一次的物品	保存在比较远的地方
中	(1)在过去的2~6个月中只使用(可能使用)过一次的物品 (2)一个月使用一次以上的物品	作业现场内集中摆放
高	(1)一周使用一次的物品 (2)每天都要使用的物品 (3)每小时都要使用的物品	把它保存在现场附近或随身携带

3.3.3.3 制作红牌

红牌的红色是为了显示危险颜色的印象,重要的是要使红牌醒目显眼。

（1）使红牌堂皇醒目，可使用红色纸、红色贴着胶带、用自粘贴纸重复使用、红色圆形贴纸等。

（2）在红牌上写上理由及做记录。红牌如图3-5所示。

红牌			
类别	□原材料　　□半成品　　□半制品　　□制品 □机械设备　□模具、治具　□工具、备品 □其他		
品名			
编号			
数量	个	金额	元
理由	□不要　　□不良　　□不急　　□边材　　□不明　□其他		
处理部门			
处理方式	□丢弃 □退回 □移往红牌集中处 □另案保管 □其他	处理完：	
年　月　日	贴附日期：	处理日期：	
整理编号：			

图3-5　红牌示例

3.3.3.4　贴附红牌

责任者：非现场人员的管理责任者及职员。

期间：一天或两天，以日数来计算。

心态：现场对任何东西都认为是"必要的"；要以无情的眼神来看待物品；贴附红牌时要扮黑脸。

3.3.3.5　处理与评价红牌

（1）红牌记录。贴附的红牌移往红牌集中处后，应予以记录。具体如表3-5所示。

表3-5 红牌发行回收记录表

部门：

场所	发行序号	张数	发行日	发行人	完成日	回收日	认可人	备注

（2）处置

库存：把贴上红牌的库存，区分为不良品、不用品、留滞品、边材。贴上红牌的库存处置办法如图3-6所示。

设备：对改善会造成困扰或有阻碍时，做废弃处理。

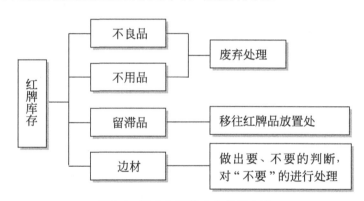

图3-6 贴上红牌的库存处置办法

3.4 定置管理

定置管理是根据安全、品质、效率、效益和物品本身的特殊要求，研究分析人、物、场所的状况，以及它们之间的关系，并通过整理、整顿、改善生产现场条件，促进人、机器、原材料、制度、环境有机结合的一种方法。定置管理就是要给每个物品都规定好位置，并划上线，这样就不会放错位置了。如图3-7所示。

图3-7　定置管理后的状况

定置管理起源于日本，由青木龟男先生始创。他从20世纪50年代开始，根据日本企业生产现场管理实践，经过潜心钻研，提出了定置管理这一新的概念，后来又由日本企业管理专家清水千里先生在应用的基础上，发展了定置管理，把定置管理总结和提炼成为一种科学的管理方法，并于1982年出版了《定置管理入门》一书。以后，这一科学方法在日本许多公司得到推广应用，都取得了明显的效果。

3.4.1　定置管理的类别

可依定置管理范围的不同把定置管理分为五种类型。如表3-6所示。

表3-6　定置管理类别（按管理范围不同划分）

类型	释义
全系统定置管理	在整个企业各系统各部门实行定置管理
区域定置管理	按工艺流程把生产现场分为若干定置区域，对每个区域实行定置管理
职能部门定置管理	企业的各职能部门对各种物品和文件资料实行定置管理
仓库定置管理	对仓库内存放物实行定置管理
特别定置管理	对影响质量和安全的薄弱环节包括易燃易爆、易变质、有毒物品等的定置管理

3.4.2　定置管理步骤

3.4.2.1　方法研究

方法研究是定置管理开展的起点，它是对生产现场现有加工方法、机器设备情况、工艺流程等全过程进行详细分析研究，确定其方法在技术水平上的先进性，在经济上的合理性，分析是否需要和可能采取更先进的工艺手段及加工方法，进行改造、更新，从而确定工艺路线与搬运路线，使定置管理达到科学化、规范化和标准化。

3.4.2.2 分析人、物结合状态

场所的三种状态中：A状态是良好状态，B状态是改善状态，C状态是需要彻底改造状态。这是开展定置管理的第二个阶段，也是定置管理中最关键的一个环节。定置管理的原则是提倡A状态，改造B状态，清除C状态，以达到提高工作效率和工作质量的目的。如表3-7所示。

表3-7 生产现场人、物与场地之间的结合状态

代号	结合状态名称	含义
A	紧密结合状态	正待加工或刚加工完的工件
B	松弛结合状态	暂存放于生产现场不能马上进行加工或转运到下工序的工件
C	相对固定状态	非加工对象，如设备、工艺装备、生产中所用的辅助材料等
D	废弃状态	各种废弃物品，如废料、废品、铁屑、垃圾及与生产无关的物品

3.4.2.3 分析物流、信息流

在生产现场中需要定置的物品无论是毛坯、半成品、成品，还是工装、工具、辅具等都随着生产的进行而按照一定的规律流动着，它们所处的状态也在不断地变化，这种定置物规律的流动性与状态变化，称之为物流。

随着物流的变化，生产现场也存在着大量的信息，如表示物品存放地点的路标，表示所取之物的标签，定置管理中表示定置情况的定置图，表示不同状态物品的标牌，为定置摆放物品而划出的特殊区域等，都是生产现场中的信息。随着生产的运行，这些信息也在不断地运动着、变化着，当加工件由B状态转化为A状态时，信息也伴随着物的流动变化而变化，这就是信息流。

通过对物流、信息流的分析，不断掌握加工件的变化规律和信息的连续性并对不符合标准的物流、信息流进行改正。

3.4.2.4 设计定置图

（1）定置图分类。定置图有以下类别，如表3-8所示。

表3-8 定置图分类

序号	类别	说明
1	车间定置图	要求图形醒目、清晰,且易于修改、便于管理,应将图放大,做成彩色图板,悬挂在车间的醒目处
2	区域定置图	车间的某一工段、班组或工序的定置图,定置蓝图可张贴在班组园地中
3	办公室定置图	要做定置图示板,悬挂于办公室的醒目处
4	库房定置图	做成定置图示板悬挂在库房醒目处
5	工具箱定置图	绘成定置蓝图,贴在工具箱盖内
6	办公室定置图	统一绘制蓝图,贴于办公桌上
7	文件资料柜定置图	统一绘制蓝图,贴于资料柜内

（2）定置图绘制的原则

① 现场中的所有物品均应绘制在图上。

② 定置图绘制以简明、扼要、完整为原则,物形为大概轮廓、尺寸按比例,相对位置要准确,区域划分清晰鲜明。

③ 生产现场暂时没有,但已定置并决定制作的物品,也应在图上标示出来,准备清理的无用之物则不得在图上出现。

④ 定置物可用标准信息符号或自定信息符号进行标注,并均在图上加以说明。

⑤ 定置图应按定置管理标准的要求绘制,但应随着定置关系的变化而进行修改。

（3）定置图设计步骤

① 对场所、工序、工位、机台等进行定置诊断分析。定置诊断分析有四大任务,如图3-8所示。

任务一	分析现有生产、工作的全过程,确定经济合理的工艺路线和搬运路线
任务二	分析生产、工作环境是否满足生产、工作需要和人的生理需要,提出改进意见
任务三	分析生产人员的作业方式和设备、设施的配置,研究作业者的工作效率,找出不合理的部分,提出改进措施
任务四	研究操作动作,分析人与物的结合状态,消除多余的动作,确定合理的操作或工作方法

图3-8 定置诊断分析的四大任务

② 制定分类标准。即制定A、B、C三类标准。

③ 设计定置图。

（4）定置图设计注意事项

① 定置图按统一标准制作。如属于全厂范围内的定置图用A0纸幅，分厂（车间）与大型仓库定置图用A2纸幅，班组定置图用A3纸幅，机台、工位、工具箱定置图用A4纸幅等。

② 设计定置图时应尽量按生产组织划分定置区域，如一个分厂有四个较大的生产工段，即可在定置图上标出四个相应的定置区域。

③ 设计定置图可先以设备作为整个定置图的参照物，依次划出加工件定置图、半成品待检区、半成品合格区、产成品待检区、成品合格区、废品区、返修品区、待处理区等。

定置图示例如图3-9所示。

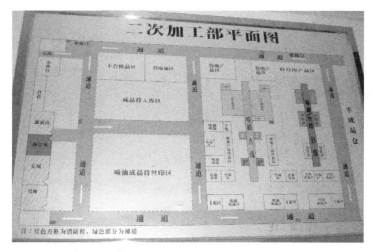

图3-9　定置图示例

3.4.2.5　信息媒介物设计

信息媒介物设计，包括信息符号设计和示板图、标牌设计。

在推行定置管理，进行工艺研究、各类物品停放布置、场所区域划分等都需要运用各种信息符号表示，以便人们形象地、直观地分析问题和实现目视管理，企业应根据实际情况设计和应用有关信息符号，并纳入定置管理标准。

（1）信息符号。在设计信息符号时，如有国家规定的（如安全、环保、搬运、消防、交通等）应直接采用国家标准。其他符号，企业应根据行业特点、产品特点、生产特点进行设计。设计符号应简明、形象、美观。

（2）定置示板图。定置示板图是现场定置情况的综合信息标志，它是定置图的艺术表现和反映。

（3）标牌。标牌是指示定置物所处状态、标志区域、指示定置类型的标志，包括建筑物标牌，货架、货柜标牌，原材料、在制品、成品标牌等。

> 信息符号、定置示板图、标牌都是实现目视管理的手段。各生产现场、库房、办公室及其他场所都应悬挂示板图和标牌，示板图中内容应与蓝图一致。示板图和标牌的底色宜选用淡色调，图纸应清洁、醒目且不易脱落。各类定置物、区（点）应分类规定颜色标准。

3.4.3 定置实施

定置实施是定置管理工作的重点。包括以下三个步骤。

（1）清除与生产无关之物（整理）。生产现场中凡与生产无关的物品，都要清除干净。可制定物品要与不要品判断基准。

（2）按定置图实施定置。各车间、部门都应按照定置图的要求，将生产现场的设备、器具等物品进行分类、搬、转、调整并予定位。定置的物要与图相符，位置要正确，摆放要整齐，储存要有器具。如图3-10所示垃圾桶定置。

图3-10　垃圾桶定置

（3）放置标准信息铭牌。放置标准信息铭牌要做到牌、物、图相符，设专人管理，不得随意挪动。要以醒目和不妨碍生产操作为原则。如图3-11所示。

图3-11 标准信息铭牌

3.4.4 定置管理标准化

（1）定置物品的分类规定。企业从自己的实际出发，将生产现场的物品分为A、B、C三类，也可分为A、B、C、D四类。以使人们直观而形象地理解人与物的结合关系，从而明确定置的方向。

（2）定置管理信息铭牌规定。信息铭牌是放置在定置现场、表示定置物所处状态、定置类型、定置区域的标示牌，企业应统一规定尺寸、形状、高低和制作，做到标准化。

① 检查现场区域划分的规定。一般分为五个区域：成品、半成品待检区；返修品区；待处理品区；废品区；成品、半成品合格区。

② 检查现场区域标准信息符号。信息符号以简单、易记、鲜明、形象和具有可解释性。如表3-9所示。

表3-9 信息符号说明

图示	说明	图示	说明
□	表示成品、半成品待检区	→	表示返修品区
○	表示待处理品区	×	表示废品区
▽	表示成品、半成品合格区	▽	表示成品、半成品优等品区

（3）定置管理颜色标准。颜色在定置管理中，一般用于两种场合：一种用于现场定置物分类的颜色标志，另一种是用于现场检查区域划分的颜色标志。前者如用红、蓝、白三种颜色表示物品的A、B、C分类；后者如将现场检查区域分别规定其颜色，并涂在标准信息铭牌上。

蓝色——表示待检查品区。

绿色——表示合格品区。

红色——表示返修品区。

黄色——表示待处理品区。

白色——表示废品区。

（4）可移定置物符号标准。可移定置物在定置图中采用标准符号表示法，从而使定置图纸清晰、简练、规范，且可使各部门之间便于简化手续，研究定置情况。如：BC——表示搬运车；GX——表示工具箱；GT——表示工作台；WG——表示文件柜；MQ——表示灭火器。

（5）定置图绘制标准。定置图绘制标准为：统一规定各种定置图的图幅；统一规定各类定置物的线型画法，包括机器设备、工位器具、流动物品、工具箱及现场定置区域等。如表3-10所示图例。

表3-10　定置物的线型画法

图示	说明	图示	说明
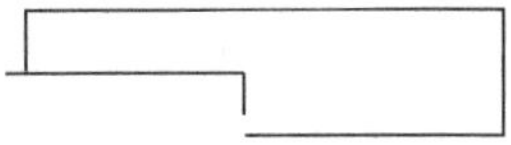	表示设备	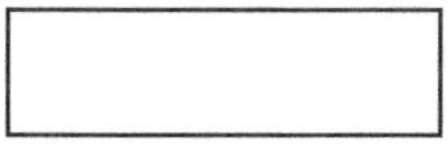	表示工艺装备
	表示计划补充的设备工装	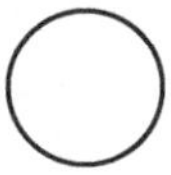	表示风扇
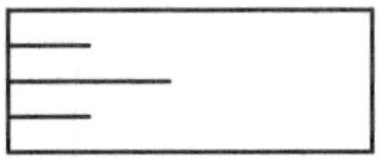	表示存放架	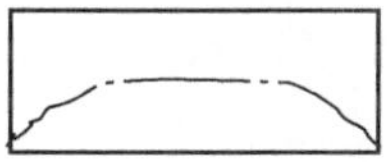	表示容器
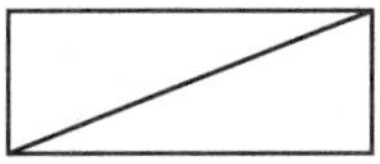	表示平台	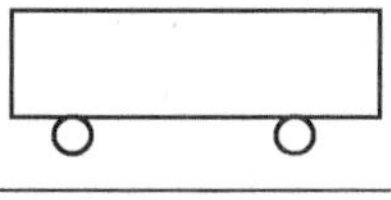	表示活动书架、小车
	表示工具箱、文件柜	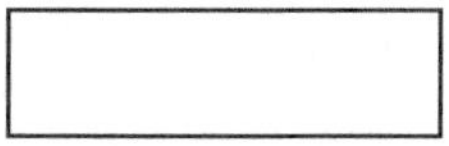	表示办公桌、茶几等
	表示计划补充的工具箱、办公桌等物品	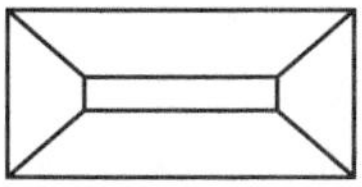	表示散状材料堆放场地

续表

图示	说明	图示	说明
	表示铺砖场地		表示工位区域分界线
	表示人行道		表示铁道
	表示台阶、梯子		表示围墙

定置图中标准信息符号的规定。如现定定置图中的可移定置物，用信息符号表示后，还要在定置图的明细栏中加以说明。

各种定置图蓝白图的规定。如办公室可用白图，而办公桌、文件柜、资料柜则必须用蓝图。

各种定置的发放及保存，都须做统一规定。

(6) 各种储存容器、器具定置标准

① 各种储存容器、器具中所摆放的物品，应是与生产工作有关的物品，反之均不得摆放。

② 应将各种物品分类，按使用频次排列成合理的顺序，整齐有序地摆放在容器和器具中。使用频次多的物品，一般应放入每层中间且与操作者较近的位置。

③ 物品放好后，依次编号，号码要与定置图的标注相符，做到以物对号，以号对位，以位对图，图、号、位、物相符。

④ 定置图要求贴在容器、器具门内或是合适的表面下。

⑤ 各种容器、器具的层格要保持清洁，无污垢，要按规定的时间进行清洗和整理。

⑥ 操作现场的器具和容器，定置到一定位置后，不得随意挪动。

⑦ 工具箱的结构尽可能做到一致，容器和器具也做到部门内统一。

(7) 办公桌定置要求

① 定置时按物品分门别类，分每天用和经常用；物品摆放符合方便、顺手、整洁、美观和提高工作效率的要求。

② 定置图统一贴在规定的地方。

③ 办公桌中无用的物品清除走。

④ 有用物品编号并标在定置图中，使图、号、位、物相符。

(8) 办公椅定置要求

① 人离办公室（在办公楼内或未远离），座位原位放置。

② 人离开办公室短时外出，座位半推进。

③ 人离办公室超过4小时或休息，座位全推进。

（9）文件柜定置要求

① 与工作和生产无关之物彻底清除。

② 文件资料柜的摆放要做到合理、整齐、美观并便于提高工作效率。

③ 各类物品必须编号并注于定置图中，做到号、物、位、图相符。

④ 定置图贴在文件资料柜门扇内。

⑤ 定期进行整理整顿，保持柜内整齐和整洁。

（10）定置物存放标准

① 工件的定置摆放，要按区、按类存放，做到标志与实物相符。

② 工位器具使用合理。

③ 工件摆放做到齐、方、正、直，且符合安全生产要求。

④ 定置物的摆设与定置图相符。

⑤ 信息铭牌放在规定的位置后，不得随意挪动。定置物发生变化时，图、物、区域和铭牌均应做相应调整。

⑥ 定置物必须存放在本区域内，不得放在区域线或隔离围栏外。

（11）设备定置管理标准。包括易损件定置，设备及周围环境卫生、设备检查时间周期、设备操作人员和维修人员的工作标准等要求。设备定置规则如下。

① 设备机台定置图。

② 设备在工序的停滞位置定置。

③ 在设备周围给操作者充足的活动空间。

④ 在设备周围给维修人员充足的活动空间。

⑤ 操作者能安全进出设备放置处。

⑥ 设备配置要符合安全要求。

⑦ 设备作业面的高度要满足操作者运动自如的需要。

⑧ 对设备所有的资料实行定量管理。

⑨ 易损件在容器、零件架的摆放数量及摆设方式实行定置管理。

（12）安全定置管理标准。这是对易燃、易爆、有毒、污染环境的物品和不安全场所实行特别定置。其要求如下。

① 存放地的选择及要求，物品储存量和处理地要达到最低值。

② 消防、灭火器的定置要求，使通道畅通无阻，并设专人负责定时检查。

③ 生产现场电源、电路、电器设施的定置要求。

④ 吸烟点的设定及定置要求，休息室应设有烟灰缸，并放在安全可靠处。

⑤ 生产现场精、大、稀设备的重点作业场所和区域的定置。

⑥ 对不安全场所，如建筑场所、吊物作业、易滑坠落、塌方现场、易发生机械伤人的场所及通道等实行定置。

3.5 油漆作战

油漆作战就是给地板、墙壁、机械设备等涂上新颜料，将原来的深色涂成明亮的浅色，墙壁的上下部分也涂上不同颜色的涂料。另外，地板上也将信道和作业区域涂成不同颜色，使区域明确划分开来，给老工厂换上宽敞亮丽的新面貌。油漆作战前后对比如图3-12所示。

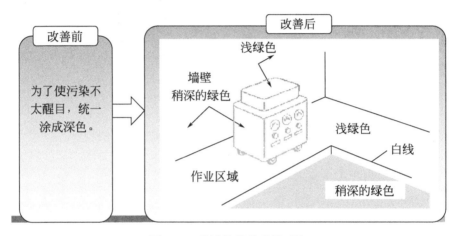

图3-12　油漆作战前后的对比

3.5.1　油漆作战的几个实施步骤

油漆作战的几个实施步骤，如图3-13所示。

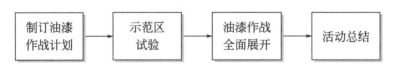

图3-13　油漆作战实施程序

3.5.1.1　制订油漆作战计划

（1）决定对象区域、刷漆对象等。

（2）对处理前的状况进行拍照。

（3）标准的决定，即进行区域、通道的规划，决定用漆的颜色。

（4）工具、材料的准备。

(5)参与人员的责任分配。
(6)刷漆方法的学习等。

3.5.1.2 示范区试验

在全面刷漆之前,要选定一个示范区域或示范设备按照事先规定的标准进行实验,其目的是为了确认计划阶段所做的标准是否合适,实验后可在听取多方面意见的基础上进一步完善标准。

3.5.1.3 油漆作战全面展开

最后,根据修改后的计划,具体安排实施涂刷油漆活动,需注意以下几个问题。
(1)选择合适的时间,不要影响生产的正常进行,如可以选择在周六进行。
(2)注意在刷漆之前要彻底清洁刷漆对象,刷漆对象上不能有灰尘、油污、铁锈、废渣等杂物。
(3)注意刷漆过程中的安全防范,特别要注意员工接触油漆溶剂过程中的注意事项,严防火灾发生。

3.5.1.4 活动总结

做好油漆作战前后的对比总结工作,完整显现工作成果,能够起到总结经验和鼓舞人心的作用。

3.5.2 刷油漆的流程与方法

刷漆流程如图3-14所示。

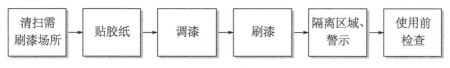

图3-14 刷漆流程

3.5.2.1 地面/表面清理

(1)用扫把将需刷漆场所的垃圾清理干净。
(2)用铲刀把崩裂的旧漆铲去,铁板的铁锈要打磨。
(3)用拖把和抹布将灰尘污迹擦干净。
要点:地面需干净无灰尘、沙粒,并保持干燥无水。

3.5.2.2 刷漆区域贴胶纸

根据实际刷漆的需要,在刷漆部位的边缘用胶纸贴出线条轮廓。为防止非刷漆部位被漆污染，应用旧报纸、胶带等进行遮挡或覆盖。

要点：胶纸要贴紧，以避免油漆渗入造成"毛边"。

3.5.2.3 调漆

用适当的容器，将漆、固化剂（油宝）、天拿水按一定比例配好，混合后搅拌均匀（时间大约在10分钟左右）。停留30分钟使其化学反应完全。

推荐比例1：漆（A）+固化剂（B）+天拿水（C）= 3：1：1.5。常用于装配车间、现场办公室。

推荐比例2：漆（A）+固化剂（B）+天拿水（C）= 4：1：2。常用于加工车间、库房。

在铁板上刷漆时，天拿水比在水泥地板上略多一些，必要时应先局部试验。

3.5.2.4 刷漆

（1）大面积刷漆。采用滚动刷法，用滚动刷在地面滚均匀，一般要滚3次以上，此法方便快捷，但漆会厚一些。设备要刷后24小时后方可使用。

（2）修补或刷线。采用刷子刷法，用刷子在地面上刷均匀，不能太厚。此法较慢，对小面积或要求较高的，采用此法。刷后12小时可通行。

提醒您：

（1）刷漆过程中，每隔10分钟要将容器中的漆再搅一遍，防止沉淀。

（2）12小时内要使用的，漆一定要刷薄。

3.5.2.5 刷完后提示

刷完后场所应设置路障隔离，并设立"油漆未干"告示牌，防止踩踏。

3.5.2.6 使用前检查

刷后12小时，检查可否使用。

（1）用手按，不粘手，且无陷入的指纹状，说明基本干了，行人可通行。

（2）用拇指指甲重划，无明显划痕，说明油漆已干，叉车可通行。

3.5.2.7 注意事项

（1）刷前地面无灰尘、垃圾；设备、用具刷漆前地面要铺上纸张，防止油漆滴到地面上。

（2）油漆未干前，设置必要路障及提示，严禁行人踩踏，动力车禁通行。

（3）调漆一定要按比例，需停留30分钟后方可使用。

（4）金属（如铁板）的表面及水泥地板均可用的漆为磁性漆。

（5）一瓶油漆（约为4升）配合油宝（每瓶约1.2～1.4升）和天拿水（每瓶约4升），若无任何浪费，可刷面积40平方米。

（6）油宝即为固化剂，作用是让漆固化在附着物上，并让漆在干后能有光泽。若太少则无光泽，若太多漆会较硬，容易剥落。

（7）天拿水主要为了帮助漆的挥发，便于快干，同时也让刷漆更顺畅。若天拿水太少，漆很难刷均匀，易出现一团一团的块状，此时需加天拿水再调配；若天拿水太多，刷漆会过于顺畅，漆会自动流动，从而会出现因流动而产生的漆痕，此时需加些油宝。

（8）购买漆时应注意有效期，有效期以外的漆很难凝固。

（9）购买漆时就注意所需的颜色，尽可能直接购买接近所需颜色的漆。一般颜色均是调和后的，但是调色技术，非专业人员不是马上能掌握的，所以调色时注意记录使用漆的各种体积比。当调到所需色彩时，应记录下来，以便将来使用。

（10）在铁板上刷漆时一般用毛刷，常用的有5厘米、3厘米、2厘米的毛刷。在地板、墙面上刷时常用滚筒式刷。

3.5.3 地板的油漆作战要领

墙壁的涂刷油漆相对来说比较简单，这里主要讲述一下地板油漆作战要领。

3.5.3.1 地板颜色选择

地板要配合用途，利用颜色加以区分。作业区运用作业方便的颜色，休闲区则要用舒适、让人放松的颜色。

通道依据作业区的位置来设立，但其弯位要尽量小。地板颜色如表3-11所示。

表3-11 地板颜色

场所	颜色
作业区	绿色
通道	橘色或荧光色
休闲区	蓝色
仓库	灰色

3.5.3.2 画线要点

决定地板的颜色后，接下来是将这些区块予以画线。画线要注意以下几点。

(1)通常使用油漆,也可以用有色胶带或压板。
(2)从通道与作业区的区划线开始画线。
(3)决定右侧通行或左侧通行(最好与交通规则相同,右侧通行)。
(4)出入口的线采用虚线。
(5)对现场中要注意之处或危险区域可画相关标记。

3.5.3.3 区块画线

把通道与作业区的区块划分开的线称为区块画线。通常是以黄线表示,也可以用白线。如图3-15所示。实施要点如下。

图3-15 区块画线示意

(1)画直线。
(2)要很清楚醒目。
(3)减少角落弯位。
(4)转角要避免直角。

也就是说,画直线要有一定宽度,转角时要用弯角。

3.5.3.4 出入口线的画线要点

勾画出人能够出入部分的线将其称之为出入口线。用黄线标示,不可踩踏。如图3-16所示。画线要点如下。

(1)区块勾画线是实线,出入口线是虚线。
(2)出入口线提示确保此场所的安全。
(3)彻底从作业者的角度考虑来设计出入口线。

搬运工具或台秤等是要经常搬出搬进的,所以要有出入口标志

图3-16 出入口线的画线

3.5.3.5 通道线的画线要点

首先要决定是靠左或靠右的通行线。最好与交通规则相同,靠右通行。如图3-17所示。画线要点如下。

(1) 黄色或白色箭头。

(2) 在一定间隔处或是角落附近,不要忘记楼梯处。

表示上楼梯、下楼梯的箭头完全与交通规则相符

图3-17 通道线的画线示例

3.5.3.6 老虎标记的画线要点

老虎标记是黄色与黑色相间的斜纹所组成的线，与老虎色相似，所以称之为老虎标记。如图3-18所示。

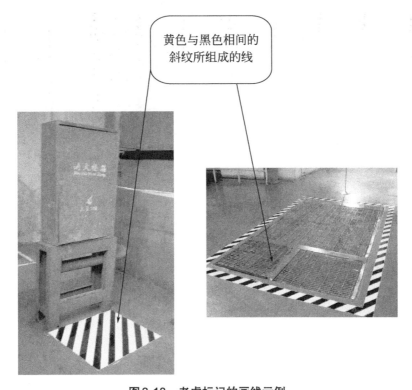

图3-18 老虎标记的画线示例

需画老虎标记的地方有：通往通道的瓶颈处、脚跟处、横跨通道处、阶梯、电气感应之处、起重机操作之处、头上有物之处、机械移动之处。画线要点如下。

（1）老虎标记要能够很清楚地看到。可用油漆涂上或贴上黑黄相间的老虎标记胶带。

（2）通往通道的瓶颈处要彻底地修整使之畅通。

3.5.3.7 置物场所线的画线要点

放置物品的地方称作放置场所。标示放置场所的标线即是置物场所线。要特别把半成品或作业台等当作画线对象。画线要点如下。

（1）清理出半成品等的放置场所。

（2）清理出作业台、台车、灭火器等的放置场所。

（3）明确各区域画线的颜色、宽度和线型，如表3-12所示。

表3-12 某工厂各区域画线的颜色、宽度和线型

类别	区域线		
	颜色	宽度	线型
待检区	蓝色	50毫米	实线
待判区	白色	50毫米	实线
合格区	绿色	50毫米	实线
不合格区、返修区	黄色	50毫米	实线
工位器具定置点	黄色	50毫米	实线
物料、产品临时存放区	黄色	50毫米	虚线

3.6 标志大行动

标志大行动就是明确标示出所需要的东西放在哪里（场所）、什么东西（名称）、有多少（数量）等，让任何人都能够一目了然的一种整顿方法。

3.6.1 标志的对象

标志的主要对象是库存物品和机器设备。在工厂中要贴标志的东西很多，但不能胡乱地给所有的物品都贴上标志，以使全厂每个角落都贴满小标牌。当所做的标志没有起到作用时，就不要随意标示。但如果涉及需要归位的物品，一定要做标志。

3.6.2 标志行动的操作步骤

3.6.2.1 确定放置区域

红牌作战结束后，物品变少了，场地变宽敞了，这就需要对一些产品的生产工艺流程进行相应的改进；对现有的机器设备进行重新调整；对物品的放置区域进行重新规划等。而且要将必需的物品合理地布置在新的区域内。此时，要把使用频率高的物品尽量放置在离工作现场较近的地方或操作人员视线范围内；使用频率低的物品放置在离工作现场较远的地方。另外，把易于搬动的物品放在肩部和腰部之间的位置；重的物品放置在货架的下方；不常用的物品和小的物品放在货架的上方。如图3-19所示。

图3-19 确定放置区域后的状况

3.6.2.2 整顿放置区域

确定了放置区域后,接下来就是要把经过整理后的必需物品放置到规定的区域和位置,或摆放到货架上、箱子里和容器内。在摆放过程中,要注意不要使物品重叠地堆放在一起。

3.6.2.3 位置标志

当人们问"把物品放在哪里"或者"物品在哪里"时,这个"哪里"可用"位置标志"或者"区域编号"来表达,如某物品在C区;某物品在成品区等。位置的标示方法主要有以下两种。

(1)垂吊式标志牌。垂吊式标志牌适用于大型仓库的分类片区、钢架或框架结构的建筑物,标志牌吊挂在天花板或者横梁下。

(2)门牌式标志牌。这种标志牌适用于货架、柜子等的位置标示。货架或柜子的位置标示包括:表示所在位置的地点标示、表示横向位置的标示和表示纵向位置的标示。需要注意的是,纵向位置的标示要从上到下用1、2、3来表示。此外,表示货架或柜子的所在位置的牌子应与架子或柜子的侧面垂直,这样站在通道上就可看到牌子上所标示的内容。如果张贴在货架的端面,那么只有走到牌子跟前才能看清,这样效果就会大打折扣。如图3-20所示。

3.6.2.4 品种标志

一个仓库里往往放有很多不同品种的物品,即便是物品的品种相同,但规格也是各有不同,如何在位置区域确定之后来进行区分呢?这就要进行品种标示,也称之为"品种标志"。品种标志分为物品分类标志和物品名称标志两种。

(1)物品分类标志。按货架上放置物品的类别来进行标示,如轴承类、螺丝类、办公用品类等。标志牌可贴(挂)在货架的端面和放在货架的上方。如图3-21所示。

图3-20 位置标志示例

图3-21 物品分类标志示例

（2）物品名称标志。物品的名称标志可贴在放置物品的容器上或货架的横栏上。名称标志（标签）的内容通常如图3-22所示。对一些放置在区域内的大宗物品，可采用立式移动标示牌进行标示。

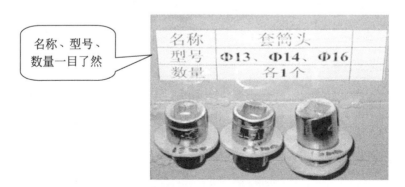

图3-22 物品名称标志示例

3.6.2.5 数量标志

如果不规定库存的数量,就会使库存数量不断地增加,造成积压,影响资金周转。限制库存最好的办法就是要根据生产计划来采购物品,留有合理的库存。合理的库存可通过颜色整顿的方法来进行:规定用红色表示最大库存量,绿色为订货库存量,黄色为最小库存量等。当到达绿线时,仓管员可立即通知采购员下单采购,这样就可一目了然了。

3.6.2.6 设备标志

现代工业生产离不开设备,因此,设备的运转好坏,直接影响生产的正常运行和企业的经济效益。设备标志是设备管理的有效方法之一,其标示对象和方法主要有以下几种。

(1)设备名称标示。
(2)液体类别标示。
(3)给油缸液面标志。
(4)点检部位的标记。
(5)旋转方向标志。
(6)压力表正常异常标志。
(7)流向标志。
(8)阀门开闭标志。
(9)温度标志。
(10)点检线路标志。
(11)使用状态标志等。

设备标志如图3-23～图3-26所示。

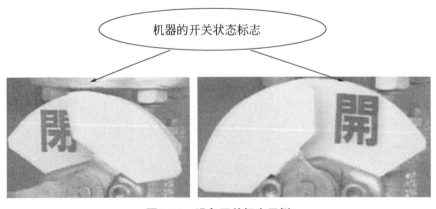

图3-23 设备开关标志示例

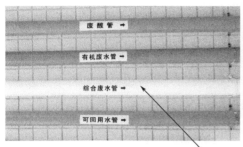

透明管道中气或液体的流向,而且以颜色区分不同的物品

图 3-24　管道标志示例

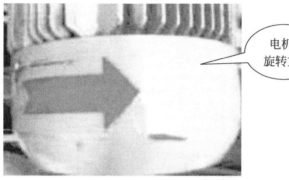

电机的旋转方向

图 3-25　设备的旋转标志示例

设备的移动方向

图 3-26　设备的移动标志示例

3.6.3 标志的统一

机器、物品的标志其实就是一张小看板，表面上感觉很简单，其实标志也非常讲究。因为工厂需要标示的物品、机器实在太多，如果标志没有统一的标准，时间长了会有一种让人眼乱心烦的感觉。一定要在一开始就做好标志的统一规定，不要等做完了以后才发现问题再重新来做，这样会浪费很多的时间和金钱。

3.6.3.1 标志的材料

标志会随着时间的变迁而氧化或变化，字迹、颜色和粘贴的胶水等也会渐渐脱落，有时还会因某种原因在一个地方而标示多次。所以，要针对场所、位置、物品等选用不同材料，使之恒久和容易维护。关于标志常用的材料如表3-13所示。

表3-13 标志常用的材料

材料	适用位置	效用	维护方法
纸类	普通物品，人或物挨碰触摸机会少的地方	比较容易标示和方便随时标示	在纸张上过一层胶，防止挨碰触摸或清洁造成损坏
塑胶	场所区域的标志	防潮、防水、易清洁	阳光的照射会使胶质硬化、脆化、变色，尽量避免阳光照射
油漆	机械设备的危险警告和一些"小心有电"等位置	不容易脱落，时刻保持提醒作用，且易清洁	定期翻新保养
其他	用于一些化学物品和防火物（如：逃离火警的方向指示牌等）	防火和防腐蚀物	保持清洁

3.6.3.2 标志的规格

标志的大小规格能直接影响到整体美观，如在两个大小一样的货架上，货架A的标志很大，货架B的标志很小，让人看了会很不舒服。

3.6.3.3 标志的字体

标志的文字最好是使用打印出来的，不要手写，这样不但容易统一字体和大小规格，而且比较标准和美观。如图3-27所示。

3.6.3.4 标志的粘贴

标志必须要粘贴好，特别是一些危险、警告等的标志，并且要经常检查是否有脱落现象。有时可能会因某张标志的脱落而导致严重的错误发生。

 标贴大小一致，打印出来，且用胶封

图 3-27　标志的字体要规范

3.6.3.5　标志的颜色

标志的颜色要使用恰当，否则很容易造成误会，颜色要比文字来得醒目，不需要看清文字便知大概意思，所以颜色也必须统一。

3.6.3.6　标志用词规定

标志的用词也需要予以规定，对于一些如"临时摆放"的标志，必须规定该标志的使用时间，有些员工把"临时摆放"一贴，结果摆放了整个月还是临时摆放着。再如一些"杂物柜"的标志，字面的范围太广，什么东西都可以往里面扔，这样就成了所有不要物品的避风港了，所以，要想办法控制这类标示的使用。

【范本23】某企业6S活动标识牌样板 ▶▶▶ ------------------

某企业6S活动标识牌样板

1. 设备标识牌样板

2.回收油标识牌样板

3.自制货架标识牌（大中型架）

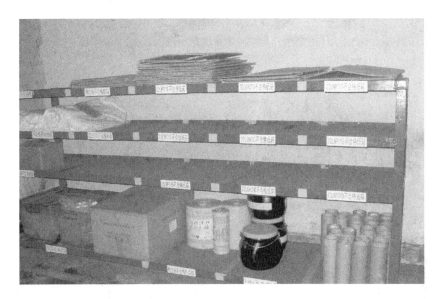

4.管道标识牌样板

5.设备色彩管理样板

6.设备风险警告标识样板

7.关键控制工序标识牌样板

8. 样板区域标志牌

```
7S活动样板区
×××车间
责任人：×××
活动期间：2011.04-2012.05
```

9. 定制工具架、模具架标识牌（小型架）

A车间1组 · 1#工具架
责任人：张三 类　别：(1)　图纸、量具　（第一层） 　　　　(2)　工具、用品　（第二层） 　　　　(3)　已加工零件　（第三层） 　　　　(4)　待加工零件　（第四层）

10. 定制工具柜、物品柜标识牌（柜门左上角）

B车间1组 · 1#工具柜
责任人：李五 类　别：(1)　资料用品 　　　　(2)　常用工具、量具 　　　　(3)　加工刀具 　　　　(4)　劳保用品

11. 工具/物品定点标识牌（数量变动时）

品　名		规　格	
最大库存			
安全库存			
备　注			

品　名		规　格	
最大库存		备注	
安全库存			

(1) 资料用品－1			
品　名	修正液	规格	极细型
安全库存	2支	最大库存	5支

12. 工具/物品定点、定量标识（数量固定时）

品　名		规　格	
数　量		备注	

(2) 常用工具－1			
品　名	挑口钳	规格	6#

【范本24】某企业标志牌的制作标准

某企业标志牌的制作标准

区域		标牌标准
生产线名称		垂直于主通道吊设灯箱，规格：1200毫米×600毫米×200毫米；版面内容：上半部为公司标志（字体：红色）和车间、班组代号（字体：黑体），下半部为生产线名称（中、英文），红底白字（字体：黑体），双面显示，上、下部比例2：3
检验区	待检区	蓝色标示牌
	待判区	白色标示牌
	良品区	绿色标示牌
	不良品区、返修区	黄色标示牌
	废品区	红色标示牌

所有标示牌规格均为30毫米×210毫米×1.5毫米，涂漆成相应颜色，落地放置，标志牌上字体一律用白色（待判区除外，用黑色），字体：黑体

续表

区域		标牌标准
工序（工位）标志牌		规格：400毫米×180毫米；材料：金属或塑料；版面：蓝底白字，悬挂放置
设备状态标志牌		规格：200毫米×150毫米；材料：铝塑或泡沫；版面内容：上半部为"设备状态标志"名称（蓝底白字），下半部为圆，直径130毫米，内容为正常运行（绿色）、停机保养（蓝色）、故障维修（红色）、停用设备（黄色）、封存设备（橙色），指针为铝质材料
消防器材目视板		规格：300毫米×180毫米；材料：铝塑或泡沫；版面内容：上半部为公司标志、消防器材目视板、编号字样，下半部有型号、数量、责任人、检查人字样和140毫米×100毫米透明有机板
关键工序		400毫米×300毫米，材料：铝塑或泡沫；版面内容：上部为关键工序名称字样，中部为关键工序编号字样，下部为"关键工序"字样，黄底蓝字；字体：黑体
警示牌	小心叉车（在通道拐弯处）、限高、禁止攀越等警示牌	规格600毫米×300毫米；材料：金属或塑料；版面：白底蓝字、蓝图案，悬挂放置
	出口、安全出口标志牌	规格：600毫米×300毫米；材料：白塑料板；版面：白底绿字、绿图案，悬挂放置
	广角镜（广视镜）	在通道转弯处，悬吊不锈钢半球，球面半径为1500毫米
穿戴劳保用品、防护用具等标志牌		规格300毫米×300毫米，铁板，白底蓝图案，悬挂放置
立柱标志		字符标高4米，四面涂刷，上部字母高300毫米，下面数字高300毫米，蓝色，字体：黑体
办公室及库房标志		规格300毫米×80毫米；材料：金属或铝塑；版面：上部为公司标志和部门名称，下部为科室或库房名称，悬挂放置于门的右上侧

3.7 目视管理

目视管理是利用形象直观、色彩适宜的各种视觉感知信息来组织现场生产活动，达到提高劳动生产率目的的一种管理方式。

3.7.1 目视管理三个要点

（1）无论谁都能判断好坏（或异常与否）。
（2）能迅速判断，精度高。
（3）判断结果不因人而异。
如图3-28中四个图例中的状况就很容易查明。

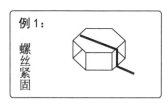
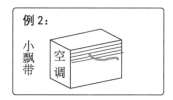
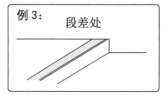
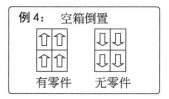

图 3-28　目视管理示例

3.7.2 目视管理三种水平

（1）初级水平。能明白现在状态。
（2）中级水平。谁都能判断正常与否。
（3）高级水平。管理方法（异常处置）也都明确。
以下表3-14中以图示的形式来说明这三种水平。

表 3-14　目视管理三种水平

水准	目视管理内容	参考例（液体数量管理）
I	管理范围及现状明了	●通过安装透明管，液体数量一目了然

续表

水准	目视管理内容	参考例（液体数量管理）
Ⅱ	●管理范围及现状明了 ●管理范围及现在的状况一目了然	●明确上限、下限、投入范围、管理范围，现在正常与否一目了然
Ⅲ	●管理范围及现状明了 ●管理范围及现在的状况一目了然 ●异常处置方法明确，异常管理装置化	●异常处置方法、点检方法、清扫方法明确、异常管理装置化

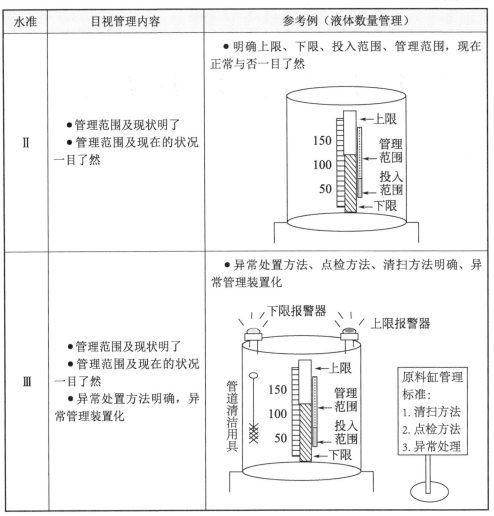

3.7.3 目视管理的主要工具

3.7.3.1 红牌

红牌，适宜于6S中的整理，是改善的基础起点，用来区分日常生产活动中非必需品，挂红牌的活动又称为红牌作战。

3.7.3.2 看板

用在6S的看板作战中，是使用物品放置场所等基本状况的标示板。它的具体位置在哪里？做什么？数量多少？谁负责？甚至说，谁来管理等重要的项目都标示清楚，让人一看就明白。6S 的推动，它强调的是透明化、公开化，因为目视管理有一个先决的条件，就是消除黑箱作业。

3.7.3.3 信号灯或者异常信号灯

在生产现场，第一线的管理人员必须随时知道作业员或机器是否在正常地开动，是否在正常作业，信号灯是工序内发生异常时，用于通知管理人员的工具。信号灯的种类有以下几种。

（1）发音信号灯。适用于物料请求通知，当工序内物料用完时，或者该供需的信号灯亮时，扩音器马上会通知搬送人员立刻及时地供应，几乎所有工厂的主管都一定很了解，信号灯必须随时让它亮，信号灯也是在看板管理中的一个重要的项目。

（2）异常信号灯。用于产品质量不良及作业异常等异常发生场合，通常安装在大型工厂较长的生产、装配流水线。

一般设置红或黄这样两种信号灯，由员工来控制，当发生零部件用完，出现不良产品及机器的故障等异常时，往往影响到生产指标的完成，这时由员工马上按下红灯的按钮，等红灯一亮，生产管理人员和厂长都要停下手中的工作，马上前往现场，予以调查处理，异常被排除以后，管理人员就可以把这个信号灯关掉，然后继续维持作业和生产。

（3）运转指示灯。检查显示设备状态的运转，机器开动、转换或停止的状况。停止时还显示它的停止原因。如图 3-29、图 3-30 所示。

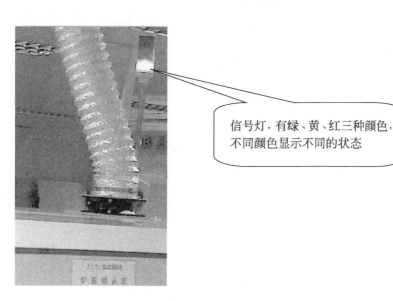

图 3-29　信号灯

绿色：正常运行。黄色：等待运行。红色：故障停机。不管是谁，远远一看就知道设备处在什么状态

图3-30 设备运行状态灯

（4）进度灯。它是比较常见的，安在组装生产线，在手动或半自动生产线，它的每一道工序间隔大概是1～2分钟，用于组装节拍的控制，以保证产量。如图3-31所示。

目标产量、实际产量及差异都一目了然

图3-31 生产进度灯

（5）警示灯。警示灯就是用灯光色彩表示某种状态的发光器具，常用的有信号灯、指示灯、报警灯等，主要用途是将现场的异常情况通知给管理者或监视人员。警示灯通常用不同颜色的灯光表示特定的意思。

红灯：表示情况危急或停止状态。

绿灯：表示情况允许或正常稳态。

黄灯：表示有异常情况，需要引起注意或尽快采取措施。

白灯：一般表示检验状态，较少用。

蓝灯：表示特殊控制状态，一般专门使用。

灯灭：表示警示系统停止工作或故障。

3.7.3.4 操作流程图

操作流程图，它本身是描述工序重点和作业顺序的简明指示书，也称为步骤图，用于指导生产作业。在一般的车间内，特别是工序比较复杂的车间，在看板管理上一定要有操作流程图。原材料进来后，第一个流程可能是签收，第二个工序可能是点料，第三个工序可能是转换，或者转制，这就叫操作流程图。如图3-32、图3-33所示。

图3-32　某企业的SMT生产流程简介

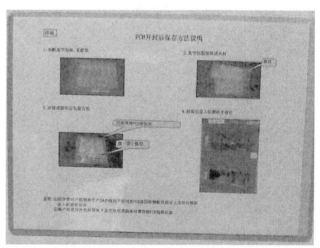

图3-33　某个产品的使用说明以图以文的形式贴在看板上

3.7.3.5 反面教材

反面教材，通常应展示在人多的显著位置。具体的做法是：将不良的产品和分析原因的柏拉图放在一起展示出来，以此让现场的作业人员明白，不良在哪里，不良的原因是什么，不良产生的后果是什么。

3.7.3.6 提醒板

提醒板，用于防止遗漏。健忘是人的本性，不可能杜绝，只有通过一些自主管理的方法来最大限度地尽量减少遗漏或遗忘。比如有的车间内的进出口处，有一块板子，写明今天有多少产品要在何时送到何处，或者什么产品一定要在何时生产完毕；或者有领导来视察，下午两点钟有一个什么检查，或是某某领导来视察。这些都统称为提醒板。一般来说，用纵轴表示时间，横轴表示日期，纵轴的时间间隔通常为一个小时，一天用8个小时来区分，每一小时，就是每一个时间段记录正常、不良或者是次品的情况，让作业者自己记录。提醒板一个月统计一次，在每个月的例会中总结，与上个月进行比较，看是否有进步，并确定下个月的目标，这是提醒板的另一个作用。如图3-34所示提醒牌。

> 有了这样的提示，通常不会忘记这项工作

图3-34　提醒牌

3.7.3.7　区域线

区域线就是对半成品放置的场所或通道等区域，用线条把它画出，主要用于整理与整顿、异常原因、停线故障等，用于看板管理。

3.7.3.8　警示线

黄色的警示线通常用来表示某种特定区域或提示该处所的异常、有危险，要求工作人员要提高警惕性谨慎作业。

（1）生产运作警示区。表示该区域不能擅自进入。

（2）物料放置区域界限。提醒工作人员摆放物品时不要越界。

（3）安全警示线。提示进入该区域的工作人员要特别注意安全。

3.7.3.9　红色禁止

红色表示禁止，即工作人员的活动、行为或生产中的某种状态等到此为止，不能再继续下去了。常用的表示类别有以下几种。

（1）不符合要求的任何物品或状态。

（2）最大（小）极限标志，如高度、重量、长度等极限量。

（3）封锁或禁止使用的区域、物品。
（4）被隔离的区域。
（5）存在危险的区域。

如图3-35所示最大库存、最小库存的示意。

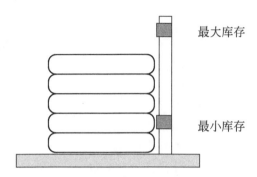

图3-35　最大库存、最小库存的示意

3.7.3.10　告示板

告示板，是一种及时管理的道具，也就是公告，是一种让大家都知道的方法，比方说今天下午两点钟开会，告示板就是书写这些内容。如图3-36所示。

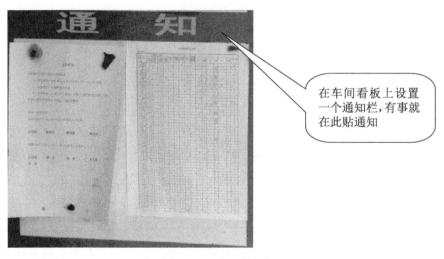

在车间看板上设置一个通知栏，有事就在此贴通知

图3-36　告示板示例

3.7.3.11　生产管理板

生产管理板，是揭示生产线的生产状况、进度的表示板，记录生产实绩、设备开动率、异常原因（停线、故障）等，用于看板管理。根据计算和数据的品质

管理，按照产生质量问题的原因以及发生频数，做成不良品柏拉图。如果数字过多，现场人员不能立即了解，可以使用现有的不良品，展示不良品柏拉图。如图3-37所示生产管理板。

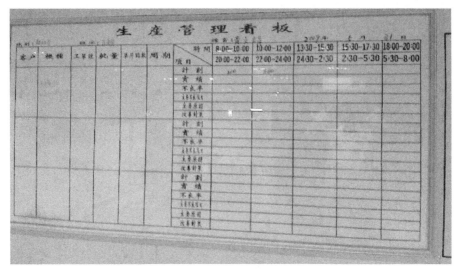

图3-37　某企业的生产管理板

3.8　看板行动

看板管理是将希望管理的项目（信息）通过各类管理板揭示出来，使管理状况众人皆知的管理方法。如：在流水线头的显示屏上，随时显示生产信息（计划台数、实际生产台数、差异数），使各级管理者随时都能把握生产状况。

3.8.1　看板的形式

在生产管理中使用的看板形式很多。常见的有塑料夹内装着的卡片或类似的标志牌，运送零件小车、工位器具或存件箱上的标签，指示部件吊运场所的标签，流水生产线上标着各种颜色的小球或信号灯、电视图像等。

3.8.2　不同管理层次使用的管理看板

不同管理层次使用的管理看板不同，如表3-15所示。

表3-15 不同管理层次使用的管理看板

区分	公司管理看板	部门车间管理看板	班组管理看板
责任主管	高层领导	中层管理干部	基层班组长
常用形式	●各种ERP系统 ●大型标语/镜框/匾现况板	标语/现况板/移动看板/图表/电子屏	现况板/移动看板/活动日志/活动板/图表
项目内容	●企业愿景或口号 ●企业经营方针/战略 ●质量和环境方针 ●核心目标指标 ●目标分解体系图 ●部门竞赛评比 ●企业名人榜 ●企业成长历史 ●员工才艺表演 ●总经理日程表 ●生产销售计划	●部门车间口号 ●公司分解目标指标 ●费用分解体系图 ●PQCDSM月别指标 ●改善提案活性化 ●班组评比 ●目标考核管理 ●部门优秀员工 ●进度管理广告牌 ●部门生产计划 ●部门日程表	●区域分摊图/清扫责任表 ●小组活动现况板 ●设备日常检查表 ●定期更换板 ●工艺条件确认表 ●作业指导书或基准 ●个人目标考核管理 ●个人生产计划 ●物品状况表

3.8.3 不同管理内容的常见看板

不同管理内容的常见看板如表3-16所示。

表3-16 不同管理内容的常见看板

序号	管理项目	看板	使用目的
1	工序管理	进度管理板	显示是否遵守计划进程
		工作安排管理板（作业管理板）	在各个时间段显示哪台设备由何人操作及工作顺序
		负荷管理板	一目了然表示出哪些部分的负荷情况如何
		进货时间管理板	明确进货时间
2	现货管理	仓库告示板	按不同品种和放置场所分别表示
		库存显示板	不同型号、数量的显示
		使用中显示板	明确区分使用状态
		长期在库显示板	

续表

序号	管理项目	看板	使用目的
3	作业管理	考勤管理板	每个人对全员状况一目了然，以相互调整维持各人所具有能力的平衡
		作业顺序板	在推动作业基础上明确标示必要的顺序、作业要点，以确保质量安全等
		人员配置板	
		刃具交换管理板	在各机器上标示下次刃具交换的预定时间
4	设备管理	动力配置图	明确显示动力的配置状况部分
		设备保全日历	明确设备的计划保全日
		使用中显示板	记录下异常、故障内容做成一览表
5	质量管理	管理项目管理基准显示板	将由作业标准转记的管理项目、管理标准显示面板贴在醒目的位置
		管理项目故障管理板	发生故障时的联络方法，暂时处理规定
		不良揭示板	不良再次发生及重大不良实物的展示
6	事务管理	日历箱（交货期管理箱）	清楚明了交货期
		去向显示板	将成员的去向、联络方法标明
		心情天气图	出勤状况及员工的心情状况透过心情天气图一目了然，对心情不好的员工，大家可以加以照顾
		车辆使用管理板	车辆的去向、返回时间等使用状况一目了然
7	士气管理	小团队活动推进板	小团队制成各种不同题目的状态表
		工序熟练程度提示板	对成员的技能清楚显示
		娱乐介绍板	制造开心一刻的氛围
		新职员介绍角	新伙伴的介绍

3.8.4 看板的设计

看板并不是随心所欲地使用，要使其达到应有的目的，是需要经过精心设计的，以下列举一些企业中常用的看板图例供在实际中选择运用。

【范本25】看板设计示例 ▶▶▶

看板设计示例

1. 车间管理看板示例

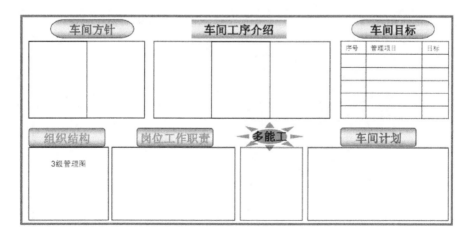

车间目标实施状况

一次交检合格率	返工返修问题	下工序反馈问题	设备故障率	生产计划完成率

换机种准备时间	加班时间	安全事故	质量事故	关于标准遵守率

（ ）月份改善提案现状

班组	提案名称	采用	实施	综合率	备注
A					
B					
C					
D					
E					

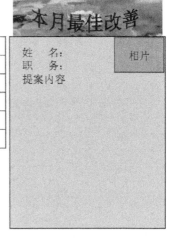

本月最佳改善

姓　名：
职　务：
相片
提案内容

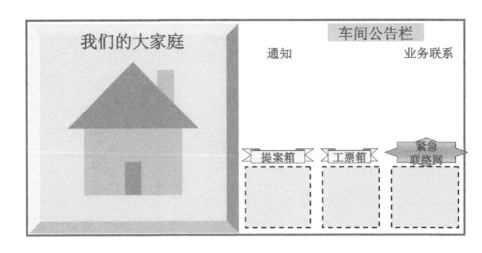

我们的大家庭

车间公告栏

通知　　　　　业务联系

提案箱　　工票箱　　紧急联络网

2. 部门管理看板

第3章 6S推进的常用手法

115

	培训室管理看板							
							日期：	
序号	培训名称	一	二	三	四	五	六	日	备注
					10: 11:				

3.8.5 看板的整理、整顿

3.8.5.1 看板的整理

对现场的各类看板进行一次大盘点，确认哪些是必要的，哪些是不必要的，彻底清除那些不必要的。特别是那些随意乱张贴的看板，诸如违者罚款、闲人免进、不得入内等要坚决清除。

3.8.5.2 看板的整顿

整顿的内容包括看板自身大小等的标准化工作，也包括看板的使用场所、位置、高度的决定等。如图3-38所示模具架上的看板粘贴不牢固，要掉下来了，这就需要进行整顿。不过，用不干胶或者胶纸会带来后遗症，因而应研究更好的固定方法。

目前的状态对模具的管理一点好处都没有。需要做整理整顿工作

图3-38 未经整理的看板

用不干胶或透明胶纸可以简单地固定揭示物,但是一旦贴上过了一些时日之后,要揭下来则不容易,即使揭下了,也会留下一块疤痕,污染了墙面、台面或机器设备表面。

3.8.5.3 看板的清扫、清洁

看板的清扫、清洁工作有两个方面的内容。

一方面,要制定出公司统一的关于看板的制作和展示的标准,以便各部门长期坚持。看板还要符合公司CIS的有关要求。

另一方面,明确看板的管理责任人,由责任人对看板的内容、状态等进行维护,保证看板展现出良好的状态,发挥其积极的作用。

看板管理状态比较如表3-17所示。

表3-17　看板管理状态比较

看板内容	公司统一	部门内统一
方针、标语等		
组织结构图		
海报、新闻		
评价表		
活动计划等		
月度管理		
现场实施计划		
清扫分担表		

表3-17是看板管理状态一览表,在制定看板标准时,可以按看板特点决定管理的权限。

第4章 1S——整理（SEIRI）的推进要点

4.1 确定整理的三个判断基准
4.2 做好教育工作
4.3 现场检查
4.4 清除非必需品
4.5 每天循环整理
4.6 设置固定整理日
4.7 对整理进行评估

4.1 确定整理的三个判断基准

整理的实施要点就是对现场中摆放的物品清理出来,进行分类,然后按照判断基准区分出物品的使用等级,进而决定是否需要该物品。可见,整理的关键在于制定合理的判定基准。在整理中有三个非常重要的基准:要与不要的基准、明确场所的基准、废弃处理的基准。

4.1.1 要与不要的基准

在实施整理过程中,对"要"与"不要"的物品必须制定相应的判别基准,以便让员工根据标准表实施"大扫除"。在制定基准的时候,一定要考虑企业的实际情况。

【范本26】某企业废弃与不要的基准

某企业废弃与不要的基准

1.废弃无使用价值的物品

(1)产能使用的旧手套、破布、砂纸。

(2)损坏了的钻头、磨石。

(3)断了的锤、套筒、刃具等工具。

(4)精度不准千分尺、卡尺等测量具。

(5)不能使用的工装夹具。

(6)破烂的垃圾桶、包装箱。

(7)过时的报表、资料。

(8)枯死的花卉。

(9)停止使用的标准书。

(10)无法修理好的器具设备等。

(11)过期、变质的物品。

2.不使用的物品不要

(1)目前已不生产的产品的零件或半成品。

(2)已无保留价值的试验或样品。

（3）多余的办公桌椅。
（4）已切换机种的生产设备。
（5）已停产产品的原材料。

3. 多余的装配零件不要

（1）没必要装配的零件不要。
（2）能共通化的尽量共通化。
（3）设计时从安全、品质、操作方面考虑，能减少的尽量减少。

4. 造成生产不便的物品不要

（1）取放物品不便的盒子。
（2）为搬运、传递而经常要打开或关上的门。
（3）让人绕道而行的隔墙。

4.1.2 保管场所基准

保管场所基准指的是到底在什么地方"要"与"不要"的判断基准。可以根据物品的使用次数、使用频率来判定物品应该放在什么地方才合适。制定时应对保管对象进行分析，根据物品的使用频率来明确应放置的适当场所，作出保管场所分析表（见表4-1）。

表4-1 保管场所分析表

序号	物品名称	使用频率	归类	是必需品还是非必需品	建议场所
		一年没用过一次			
		也许要用的物品			
		三个月用一次			
		一星期用一次			
		三天用一次			
		每天都用			

明确保管场所的标准，尽量不要按照个人的经验来判断，否则无法体现出6S管理的科学性。以下提供一份企业在用的物品的使用频率与保管场所范本供参考。

【范本27】物品的使用频率与保管场所

物品的使用频率与保管场所

项目	使用频率	处理方法	建议场所
不用	全年一次也未使用	废弃特别处理	待处理区
少用	平均2个月～1年用1次	分类管理	集中场所（工具室、仓库）
普通	1～2个月用1次或以上	置于车间内	各摆放区
常用	1周使用数次、1日使用数次、每小时都使用	工作区内随手可得	如机台旁、流水线旁、个人工具箱

注：应视企业具体情况决定划分几类及相应的场所。

4.1.3 废弃处理基准

由于工作失误、市场变化、设计变更等因素中，有许多是企业或个人无法控制的，因此，不要物是永远存在的。对不要物的处理方法，通常要按照以下两个原则来执行。

其一，区分申请部门与判定部门。

其二，由一个统一的部门来处理不要物。

例如，品检部负责不要物料的档案管理和判定，设备部负责不要设备、工具、仪表、计量器具的档案管理和判定，6S推进办公室负责不要物品的审核、判定、申报，销售部负责不要物的处置，财务部负责不要物处置资金的管理。

4.2 做好教育工作

坚决扔掉不要品的目的就是腾出更多的空间来整顿必要品，大大节省寻找物品的时间，提高工作效率。但有些员工打着整理的借口，趁机大肆更新一番，或者有些平时对公司不满的员工就会毫不犹豫地把要与不要的物品全部扔掉，造成意想不到的浪费，因为他们总认为"反正公司不是我的"，所以在整理之前必须做好教育工作。

另外，整理中还有一种阻力，那就是"全部都有用，全部不能用"，这样的观点常来自工程技术人员。因为他们总认为这些物品不管存放多久，终有一天会用到的，所以他们为了避免这些东西被扔掉，就把这些不要品藏的藏、盖的盖，完全违背了6S原则，因而，对他们也应施以教育，让他们明白无用物品的摆放所造成的浪费远远大于它们潜在的利用价值，必须把看得到和看不到的物品进行彻底整理。

提醒您：

可以统一确定一个固定的地点，明确规定将不常用的物品暂时统一存放于此，这样一来，员工就不会再犹豫"这个可以扔掉吗？"而各现场中的不常用物品也会源源不断地统一集中。打消工作现场第一线员工的顾虑，将非必需物品暂时存放在统一的固定地点，是对"整理"的一种支持行动。

4.3 现场检查

对工作现场进行全面检查，检查内容包括各种有形和无形的东西、看得见和看不见的地方，特别是不引人注意的地方。如设备内部、桌子底部、文件柜顶部等位置，如表4-2所示。

表4-2 整理活动检查表

检查区域	检查内容
办公场地（包括现场办公桌区域）	办公室抽屉、文件柜中的文件、书籍、档案、图表、办公桌上的物品、测试品、样品、公共栏、看板、墙上的标语、月历等
地面（特别注意内部、死角）	机器设备大型工模夹具，不良的半成品、材料，置放于各个角落的良品、不良品、半成品，油桶、油漆、溶剂、黏合剂，垃圾桶、纸屑、竹签、小部件
室外	堆在场外的生锈材料、料架、垫板上的未处理品，废品、杂草、扫把、拖把、纸箱
工装架	不用的工装、损坏的工装、其他非工装之物品，破布、手套、酒精等消耗品，工装（箱）
仓库	原材料、废料、储存架、柜、箱子、标识牌、标签、垫板
天花板	导线及配件、蜘蛛网、尘网、单位部门指示牌、照明器具

各部门的检查重点如表4-3所示。

表4-3 各部门的检查重点

部门	区域或部位	关注要点
生产部门	地面	（1）有没有"死角"或凌乱不堪的地方 （2）闲置或不能使用的输送带、机器、设备、台车、物品等 （3）品质有问题的待修品或报废品 （4）散置于各生产线的清扫用具、垃圾桶等 （5）作业场所不该有的东西，例：衣服、拖鞋、雨伞、皮包
生产部门	架子、柜子或工具箱	（1）扳手、铁锤、钳子等工具杂存于工具箱或柜子内 （2）散置于架子或柜子上的破布、手套、剪刀
生产部门	办公桌、事务柜	（1）任意摆置于桌面上的报表、文件、数据 （2）毫无规划的档案资料陈列于事务柜内
生产部门	模具、治具架	（1）不用或不能用的模具、治具 （2）不必要的物品掺杂于架上
事务部门	公文、资料	（1）是否有不用或过期的公文、资料作任意摆放 （2）私人文件资料是否掺杂于一般资料内 （3）公文、资料是否定期或定时归档
事务部门	办公桌、办公室	（1）办公桌上是否摆放与工作无关的物品或资料 （2）办公室内是否有各种不需要的物品
事务部门	档案夹、事务柜	（1）档案夹是否任意放置于办公桌或事务柜 （2）档案夹或事务柜是否已经破旧不堪使用 （3）档案夹是否定期清理已经过期的文件、资料
仓储部门	储存区域	（1）储存区域是否规划妥当，有无空间浪费 （2）是否直接将材料放在地上
仓储部门	材料料架	（1）是否材料架上有好几年没用过的材料 （2）是否有好几种材料混放在一起

4.4 清除非必需品

工作场所全面检查并实施定点摄影后，要将所有的物品逐一判别，哪些是"必需"的，哪些是"非必需"的。

4.4.1 什么是必需品和非必需品

所谓的必需品,是指经常使用的物品,如果没有它,就必须购入替代品,否则影响正常工作的物品。

而非必需品则可分为两种:一种是使用周期较长的物品,例如一个月、三个月甚至半年才使用一次的物品,另一种是对目前的生产或工作无任何作用的,需要报废的物品,例如已不生产的产品的样品、图纸、零配件、设备等。

一个月使用一两次的物品不能称之为经常使用物品,而称之为偶尔使用物品。必需品和非必需品的区分和处理方法如表4-4所示。

表4-4 必需品和非必需品的区分和处理方法

类别	使用频度		处理方法	备注
必需物品	每小时		放工作台上或随身携带	
	每天		现场存放(工作台附近)	
	每周		现场存放	
非必需物品	每月		仓库储存	
	三个月		仓库储存	定期检查
	半年		仓库储存	定期检查
	一年		仓库储存(封存)	定期检查
	两年		仓库储存(封存)	定期检查
	未定	有用	仓库储存	定期检查
		不需要用	变卖/废弃	定期检查
	不能用		废弃/变卖	定期检查

4.4.2 清理非必需品的着眼点

清理非必需品的原则是看该物品现在有没有"使用价值",而不是原来的"购买价值",同时注意以下几个着眼点。

(1)整理前须考虑的事项

① 考虑为什么要清理以及如何清理。

② 规定定期进行整理的日期和规则。

③ 在整理前要预先明确现场需放置的物品。

④ 区分要保留的物品和不需要的物品,并向员工说明保留的理由。

⑤ 划定保留物品安置的地方。

（2）对暂时不需要的物品进行整理时，当不能确定今后是否还会有用，可根据实际情况来决定一个保留期限，先暂时保留一段时间，等过了保留期限后，再将其清理出现场，进行认真的研究，判断这些保留的物品是否有保留的价值，并弄清保留的理由。

4.4.3 非必需品的判定

判定一个物品是否有用，并没有一个绝对的标准，有时候是相对的。有些东西是很容易判定的，如破烂不堪的桌椅等；而有些则判定很困难，如一些零部件的长期库存。

4.4.3.1 非必需品的判定步骤

（1）把那些非必需品摆放在某一个指定场所，并在这些物品上贴上红牌。

（2）由指定的判定者对等待判定的物品进行最终判定，决定将其卖掉、挪用、修复还是修理等。

4.4.3.2 非必需品判定者

由于工厂里需要进行判定的对象物很多，并且有可以判断的和难以判断的物品，为了高效地完成判定工作，可以根据对象物的不同分层次确定相应的判定责任者，如图4-1所示。

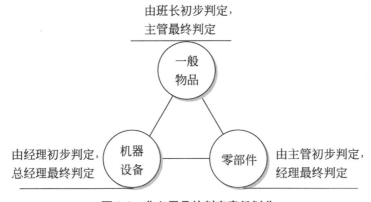

图4-1 非必需品的判定责任划分

非必需品可以统一由推行委员会来判定，也可以设计一个有效的判定流程，由各个不同部门对各类物品进行判定。

4.4.3.3 判定的注意事项

（1）对那些贴有非必需品红牌的物品，要约定判定的期限，判定的拖延将影响6S活动的进行,因此,要迅速对这些物品进行判定,以便后续处理工作的完成。

(2)当那些贴有非必需品红牌的物品被判定为有用的时候,要及时向物品所属部门具体说明判定的依据或理由,并及时进行重新安置和摆放。

4.4.4 处理非必需品

4.4.4.1 处理方法

对贴了非必需品红牌的物品,必须一件一件地核实现品实物和票据,确认其使用价值。若经判定,某物品被确认为有用,那么就要揭去非必需品红牌。若该物品被确认为非必需品,则应该具体决定处理方法,填写非必需品处理栏目。一般来说,对非必需品有如图4-2所示的几种处理方法。

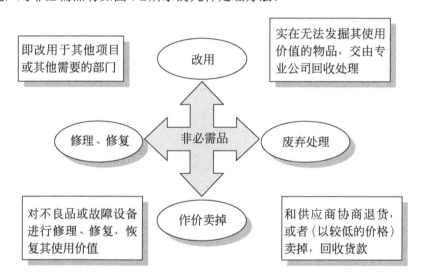

◆若该物品有使用价值,但可能涉及专利或企业商业机密的,应按企业具体规定进行处理。
◆如果该物品只是一般废弃物,在经过分类后可将其出售。
◆该物品没有使用价值,可根据企业的具体情况进行折价出售,或作为培训、教育员工的工具。

图4-2 非必需品的处理方法

4.4.4.2 处理的注意事项

(1)实施处理要有决心。在对非必需品实施处理的时候,重要的是要下定决心,把该废弃的处理掉,不要犹豫不决,拖延时间,影响6S工作的进程。

（2）正确认识物品的使用价值。对非必需品加以处置是基于对物品使用价值的正确判断，而非当初购买物品的费用。一件物品不管当初购买的费用怎样，只要现在是非必需品，没有使用价值，并且在可预见的将来也不会有明确的用途，就应下决心将其处置。

4.4.4.3 建立一套非必需品废弃的程序

为维持整理活动的成果，最好建立一套非必需品废弃申请、判断、实施及后续管理的程序和机制。

一般来说，非必需品废弃的申请和实施程序一定要包括以下内容。
（1）物品所在部门提出废弃申请。
（2）技术或主管部门确认物品的利用价值。
（3）相关部门确认再利用的可能性。
（4）财务等部门确认。
（5）高层负责人作最终的废弃处理认可。
（6）由指定部门实施废弃处理，填写废弃单，保留废弃单据备查。
（7）由财务部门做账面销账处理。

4.5　每天循环整理

整理是一个永无止境的过程。现场每天都在变化，昨天的必需品在今天可能是多余的，今天的需要与明天的需求必有所不同。整理贵在"日日做、时时做"；偶尔突击一下，做做样子的话，就失去了整理的意义。

4.6　设置固定整理日

由于整天低头忙于工作，很难有时间将非必需物品和必需物品区分开来，所以在现场设定固定的"整理日"进行定期整理，有利于减少非必需物品。

因此，企业应当设定"定期整理日"，以便员工果断地把弃置物品从现场清除出去。所谓"定期整理日"，也就是说在固定的日期，选派特定的小组，参照"整理标准表"在现场巡回检查，当场将不常用的物品移走，或将贴有"废弃物品详单"的物品进行废弃处理。为了将"定期整理日"的活动固定下来，要尽量避开月初或者月末这样较忙的时间,并且在确定具体实施日期的同时,确定现场巡回区域。

在现场要以"整理标准表"决定处理结果,将不用的物品清除掉,要做到处理判断绝不推延,已决定的事情按照既定的处理方法当机立断地予以执行,这就是我们要创建的现场状态。

【范本28】某企业整理标准表 ▶▶▶

某企业整理标准表

制作日期	××××年×月×日		制作部门	设备科	制作人		××
名称分类	名称、型号	整理标准	最后使用年月日	保管部门、地点	处理判断	判断人	评语
夹具类	合页组装夹具	以1个月为标准,如果1个月之内用不到的话就可以移至弃置物品存放处,无法使用的物品进行废弃处理	×月×日	弃置物品存放处			
	嵌轴夹具		×月×日	弃置物品存放处	废弃处理	××	由于无法继续使用
	锻造夹具		×月×日	弃置物品存放处	废弃处理	××	无生产计划
工具类	汽缸	现场判断为非必需物品以及按1个月的标准用不到的物品,进行废弃或者移至他处	×月×日	零部件加工现场	废弃处理	××	由于无法继续使用
	气压研磨机		×月×日	零部件加工现场			
	手砂轮		×月×日	热处理现场			
机器类	固定金属件	适用于1个月标准	×月×日	热处理现场			

4.7 对整理进行评估

整理进行到一定阶段,企业必须对其进行评估,具体可运用表4-5来进行。

表 4-5 整理评估表

工作场所整理评估　　　　　工作地点：
工厂：　　　批次：　　　部门：　　　日期：

分数：4=100%　3=75%～99%　2=50%～74%　1=25%～49%　0=0～24%			
序号	需要整理的区域	分数	如果分数小于4，指出对策、时间安排和负责人
1	无用的盒子、货架和物料箱		
2	废弃的工作、备件和设备		
3	不需要的工具箱、手套和橱柜		
4	剩余的维修物品		
5	个人物品		
6	过量存货		
7	无用的文件		
8	"一就是最好"：一套工具/文具		
9	"一就是最好"：一页纸的表格/备忘		
10	"一就是最好"：文件放在一处共享		
其他			

同时，要对不要的库存品、设备及空间做一个统计，如表4-6～表4-8所示。

表 4-6 不要的库存品一览表

部门：　　　检查者：　　　日期：

序号	品名	规格	数量	单位	金额	不要品区分	价值	备注

表 4-7 不要的设备一览表

部门：　　　　　　检查者：　　　　　　日期：

序号	设备名	设备区分	资产号	数量	单价	取得金额	设备日期	累计折旧	账册	设备场所	备注

表 4-8 不要空间一览表

部门：　　　　　　检查者：　　　　　　日期：

序号	地点	管理责任人	面积（平方米）	使用预定	备注

对于没有做好的事项要发出纠正及预防措施通知（6SCAR）进行跟踪，如以下范例所示。

【范本29】纠正及预防措施通知

纠正及预防措施通知

不合格点的说明		NC编号：	6SCAR 093004
审核日期：		审核员/记录员：	
审核地点：	XL工程室	违反标准：	2.7&2.1

改善前相片

不合格点的说明：
（1）万用表、示波器、毫伏表等仪器存放于柜顶和桌下，而未划定区域存放。
（2）文件柜中层内较乱未整理和标示。
（第40周）

纠正及预防措施　　纠正人：＿林＿　　纠正日期：＿＿年＿＿月＿＿日

改善后相片

纠正及预防措施：
（1）处理一批无用的物品。
（2）文件制作一览表。

跟进结果：＿第41周跟进时木柜内已进行整理和分类摆放＿

跟进者：＿＿＿＿＿　　审批：＿＿＿＿＿＿＿　　＿＿年＿＿月＿＿日

第5章 2S——整顿（SEITON）的推进要点

5.1 做好定位工作
5.2 做好定品工作
5.3 做好定量工作
5.4 做好标示
5.5 各类物品的整顿要领
5.6 对整顿进行评估

5.1 做好定位工作

定位就是根据物品的使用频率和使用便利性,决定物品所应放置的场所。一般来说,使用频率越低的物品,应该放置在距离工作场地越远的地方。通过对物品的定位,能够维持现场的整齐,从而提高工作效率。

5.1.1 定位的要点

定位的要点如下。
(1)将该定位的地方区分为场所标志与编号标志。
(2)编号标识区分为地域标志与编号标志。
(3)地域标识可用英文字母(A、B、C)或数字(1、2、3)来表示。编号标志以数字表示较理想,最好由上而下按1、2、3排序。
(4)棚架上绝对不要放东西。

物品定位须遵循两个原则:一是位置要固定,二是根据物品使用的频度和使用的便利性来决定物品放置的场所。

在对物品进行定位前可以对所有物品的位置进行登记分析,以下范本是某企业对其物料做的登记(一部分)。

【范本30】物料清单、使用频率及位置登记表 ▶▶▶

物料清单、使用频率及位置登记表

项目	使用工序	名称	使用数量	使用频率	现所在位置	须更换位置	放置方式	备注
辅助设备	自动电铜、锡线	火牛	28	长期使用	一区			
		铜缸	5	长期使用	一区			
设备		自动电铜、锡线	一条拉	长期使用	一区			
		电脑	1	长期使用	八区			

续表

项目	使用工序	名称	使用数量	使用频率	现所在位置	须更换位置	放置方式	备注
设备		电脑桌	1	长期使用	八区			
		控制柜	2	长期使用	八区			
		空调	1	长期使用	八区			
原材料	沉铜线	Cu-160A	80米	多次/每天	三区		货架上	
辅助材料		棉芯20	20支	1次/半月	三区		货架上	
		白网碳芯20	15支	1次/半月	三区		货架上	
		活性炭粉	32千克	1次/半年	小办公室		地上	
		助滤粉	100磅（1磅=0.45千克）	1次/半年	三区		地上	

5.1.2 各类物品的定位要点

5.1.2.1 设备和作业台的定位

设备和作业台通常被固定在指定的位置上，若非特殊情况或需要进行区域再规划，原则上物品和位置的关系是固定的。常用的定位手法有以下两种。

（1）全格法。即依物体的形状，用线条框起来。如小型空压机、台车、铲车的定位，一般用黄线或白线将其所在区域框起来。如图5-1所示。

（2）直角法。即只定出物体关键角落。如小型工作台、办公桌的定位，有时在四角处用油漆画出定位框或用彩色胶带贴出定置框。如图5-2所示。

图5-1　全格法定位示例

图5-2 直角法定位示例

5.1.2.2 工具、夹具、量具、文件等的定位

生产或工作过程中经常使用的这类物品通常被存放在各式各样的柜、台、架等固定位置上,使用的时候可以从其存放处取出,使用完毕放回原处。常用的定位方法有形迹法,就是依物品的形状画出外形轮廓,并按其定位,便于取用和归位。如图5-3所示。

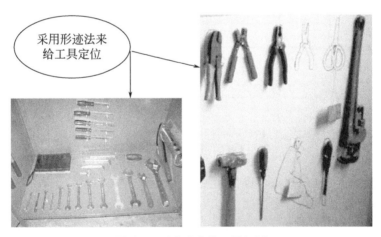

图5-3 形迹法定位工具示例

5.1.2.3 原材料、半成品、成品的定位

在生产过程中流动的原材料、半成品以及成品,对于每一个体而言,它们在某一工序完成后,一般都不再回到原来的摆放位置,因此,需在工序附近调用摆放区域,区域与区域之间用区域线分开,以便这类物品到达时分别摆放。摆放时要做到"先进先出",保持整齐,物品的边缘线要与区域线平行或垂直。如图5-4所示。

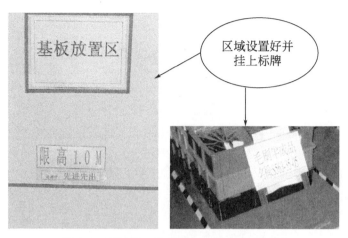

图5-4 原材料、半成品、成品的定位示例

5.1.2.4 票据、样品等的保管与存放

对一些使用频率很小却又需要保管的重要物品,如财务票据、实物样品等,可以确定一些固定的场所或仓库的一角存放。

5.2 做好定品工作

定品的目的是让所有人,甚至是新进员工一眼就看出放置的物品是什么。其要点如下。

(1)物品品目标志。放置的东西要标示为何物,取用时,也即有看板的作用。

(2)棚架品目标志。标志放置的是什么东西,同时也便于轻易地变换位置。

产品定位标志如图5-5所示。

图5-5 产品定位标志

5.3 做好定量工作

定量的目的是让库存品能一眼就被看出有多少的量，不能说"大概……大约"，而是要很清楚地说出有几个。如图5-6所示。其实施要点如下。

（1）要限制物品放置场所或棚架的大小。

（2）要很明确地显示最大库存量及最小库存量。最大库存量用红色来标示；最小库存量用黄色来标示。

（3）相同容器所装的数量应该一致。

（4）一眼就可以说出数量（不用算）。

图5-6 数据定量示例

5.4 做好标示

标示是整顿的最终动作。明显、清楚的标示能起到方便沟通、减少出错、提高效率的重要作用。整顿的宗旨就是要以最少的时间和精力，达到最高效率、最高的工作质量和最具安全的工作环境。其中物品名称和存放场所一定要标示清楚，这样才能让每个人随时都知道要用的东西在哪里。如果物品正在使用，也应该清楚标明使用者及使用场所，以便紧急使用时能快速找到。

5.5 各类物品的整顿要领

5.5.1 工具类整顿

5.5.1.1 工装夹具等频繁使用物品的整顿

应重视并遵守使用前能"立即取得",使用后能"立刻归位"的原则。

(1)应充分考虑能否尽量减少作业工具的种类和数量,利用油压、磁性、卡标等代替螺丝,使用标准件,将螺丝共通化,以便可以使用同一工具。如:平时使用扳手扭的螺母是否可以改成用手扭的手柄呢?这样就可以节省工具了。或者想想能否更改成兼容多种工具使用的螺母,即使主工具突然坏了,也可用另一把工具暂代使用;又或者把螺母统一化,只需一把工具就可以了。

(2)考虑能否将工具放置在作业场所最接近的地方,避免取用和归位时过多的步行和弯腰。

(3)在"取用"和"归位"之间,须特别重视"归位"。

需要不断地取用、归位的工具,最好用吊挂式或放置在双手展开的最大极限之内。采用插入式或吊挂式"归还原位"的,同时要注意尽量使插入距离最短或挂放既方便又安全。

(4)要使工具准确归还原位,最好以复印图、颜色、特别记号、嵌入式凹模等方法进行定位。

整顿后的工具如图5-7所示。

图5-7 整顿后的工具

5.5.1.2 切削工具类的整顿

这类工具需重复使用,且搬动时容易发生损坏,在整顿时应格外小心。

(1)经常使用的,应由个人保存;不常用的,则尽量减少数量,以通用化为佳。先确定必需的最少数量,将多余的收起来集中管理。

(2)刀锋是刀具的"生命",所以在存放时要方向一致,以前后方向直放为宜,最好能采用分格保管或波浪板保管,且避免堆压。

(3)一支支或一把把的刀具可利用插孔式的方法,好像蜜蜂巢一样,即把每支刀具分别插入与其大小相适应的孔内,这样可以对刀锋加以防护,并且节省存放空间,且不会放错位。

(4)对于一片片的锯片等刀具可分类型、大小、用途等叠挂起来,并勾画形迹,易于归位。

(5)注意防锈,将抽屉或容器底层铺上易吸油类的绒布。

切削工具类的整顿如图5-8所示。

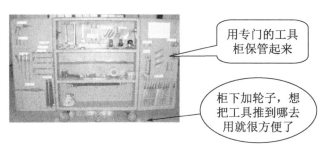

用专门的工具柜保管起来

柜下加轮子,想把工具推到哪去用就很方便了

生产线上这样安排工具,取用就非常方便

对于需要保护锋刃的工具,利用插孔式的方法来放置

图5-8 切削工具类的整顿示例

5.5.2 设备的整顿

设备的整顿原则就是要容易清扫、操作和检修,但最重要的还是"安全第一"。

(1)设备旁必须挂有一些"设备操作规程""设备操作注意事项"等。设备的维修保养也应该做好相关记录。这不但能给予员工正确的操作指导,也可让客户对企业有信心。

(2)设备之间的摆放距离不宜太近,近距离摆放虽然可节省空间,却难以清扫和检修,并且还会相互影响操作,从而可能导致意外。

如果空间有限,则首先考虑是否整理做得不够彻底,再考虑物品是否有整顿不合理的地方,浪费了许多空间。再多想一些技巧与方法。

(3)把一些容易相互影响操作的设备与一些不易相互影响操作的设备做合理的位置调整。在设备的下面再加装滚轮,便可轻松地推出来清扫和检修了。

设备整顿后的示例如图5-9所示。

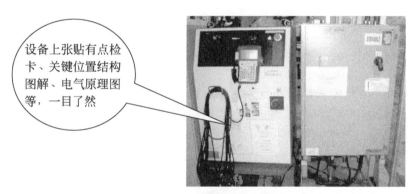

图5-9 设备整顿后的示例

5.5.3 机台、台车类整顿

对机台、台车类的整顿,应注意以下几点。

(1)先削减作业台、棚架的数量。以"必需的台、架留下,其他的丢弃或加以整理"为原则,现场就不会堆积过量的台、架了。

(2)台或架的高度不齐时,可在下方加垫,垫至与高度齐平。台或架可加装车轮使之移动方便,并制作能搭载作业必要物品的台车,在换模换线或零件替换时,可以将台车做整组更换。

(3)台或架等,不可直接放置在地面上,应置于架高的地板上,这样在清扫时才会比较容易。

机台、台车类整顿示例如图5-10所示。

图5-10 机台、台车类整顿示例

5.5.4 配线、配管的整理、整顿

在现场可能会有如蜘蛛网般的配线或者是杂乱无章的配管，这些情形都会成为刮破、磨耗或错误的起因及受伤害或引起故障的根源。要解决这些问题，以下几点可供参考。

（1）可以考虑在地板上架高或加束套及防止擦伤、防止震动的改善。

（2）在配线、配管方面采取直线、直角安装，以防松脱。

（3）在地底下的配线全部架设在地面上，并垫高脚架，每一条标上名称、编号及利用颜色进行管理，这样可防止错误发生。

配线的整顿结果如图5-11所示。

图5-11 配线的整顿结果

5.5.5 材料的整顿

（1）定量定位存放。先确定材料的存放位置，再决定工序交接点、生产线和生产线之间的中继点所能允许的标准存量和最高存量，设定标准存量的放置界限，如长、宽、高的限定或占用台车数及面积的限定，并明确标示。

（2）确保先进先出。现场摆放材料的各类周转箱、台车等，要求边线相互平行或垂直于区域线，保持堆放整齐，便于清点及确保材料先进先出。如图5-12所示。

图5-12　确保先进先出的整顿示例

（3）搬运、储存要合理。要防止加工中搬运或装箱时的刮伤、撞击、异品混入等。

（4）不良品要有标示。不良品及返修品，要设定放置场所，用不同的箱装好，一般用红色或黄色箱，以利于区别。不良品的装箱，以选用小箱子为宜，这样便能较快地装满箱并搬离生产现场。

材料存放区域标志如图5-13所示。

图5-13　材料存放区域标志示例

5.5.6　备品、备件的整顿

备品、备件的整顿重点为：在保管时，平常就得保持正确使用的状态，如污秽、伤痕、锈蚀等列管的重点，应明确设定清楚。如图5-14所示。

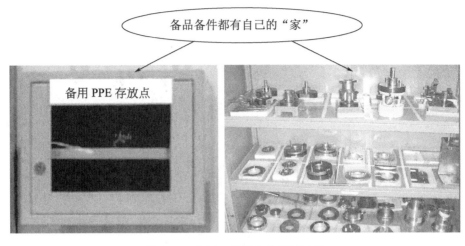

图5-14 备品、备件存放区域示例

5.5.7 润滑油、作动油等油类整顿

对润滑油、作动油等油类物品的整顿要点如下。

（1）油的种类要统一，尽量将种类减少。

（2）以颜色管理。配合油的名称及加油周期，利用颜色或形状，让谁都能轻易分辨使用。

（3）油类集中保管。在生产线附近设置加油站，设定放置场所、数量、容器大小、架子及加油站的补充规定等。如图5-15所示某企业油类定置图。

（4）依油或加油口的形状装备道具。

（5）油类必须考虑到防火、公害、安全等问题，所以要彻底防止漏油以及灰尘、异物的混入。

（6）做好改善加油方法及延长加油周期的工作。

油料摆放区示例如图5-16所示。

5.5.8 清扫用具的整顿

5.5.8.1 放置场所

（1）扫把、拖把一般让人感觉较脏，不要放置在明显处。

（2）清扫用具绝对不可放置在配电房或主要出入口处。

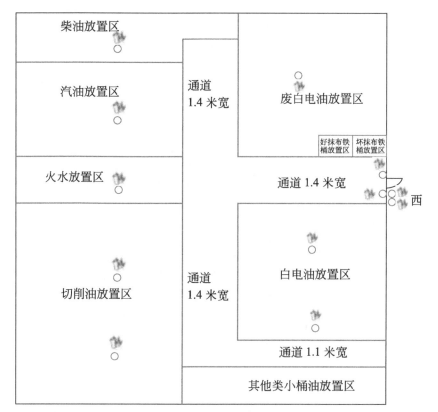

图5-15 某企业油类定置图

图5-16 油料摆放区示例

5.5.8.2 放置方法

（1）长柄的用具如扫把、拖把等，用悬挂方式放置并且要下设滴水接盘。

（2）簸箕、垃圾桶等，要定位放置且放稳。

清扫用具放置方法如图5-17所示。

图5-17　清扫用具放置方法

5.5.9　消耗品类的整顿

为了防止消耗品到处散落，可用较小的盒子将它们装好，但不要装满。在收存时一定要加封盖，不要混入其他类似零件。

弹簧类容易纠缠在一起物品、垫圈类不易抓取的物品以及金属轴承等都严禁出现破损、变形等；对于这类小型物品，以模组成套方式，比较容易拿取。

电气胶带、电线等物品的摆放也应便于拿取。

消耗品类整顿结果如图5-18所示。

图5-18　消耗品类整顿结果

5.5.10　危险品的整顿

5.5.10.1　危险品的存放

危险物品的存放一定要按照危险品的存放要求和标准进行。如某类化学品必须存放在阴凉的地方，又或者某类化学品不能与某类物品一起存放等，所有这些相关的知识，都应该事先了解清楚。

5.5.10.2　张贴、说明等

化学用品的存放处应标明"使用规定""使用方法"及一些"注意事项"等，附近也应该具备一定的救护措施和张贴一些警示标语。

5.5.10.3　化学品的标识

化学品的标识应该注明化学品的类型、名称、危险情况及安全措施等。

5.5.10.4　穿戴防护用品

在使用一些有毒、有害、有腐蚀性及刺激性的化学用品时，必须穿戴好防护衣、手套，以保安全。万一不慎沾及身体，应立即清洗，如感不适时，应马上到医院就诊。

危险品的整顿结果如图5-19所示。

图5-19　危险品的整顿结果

5.5.11　在制品的整顿

在生产现场,除了设备和材料,在制品是占据生产用地最多的物品,因此,也是生产现场整顿的主要对象。"整顿"在制品,应考虑以下问题。

(1)严格规定在制品的存放数量和存放位置。确定工序交接点、生产线和生产线之间的中继点所能允许的在制品标准存放量和极限存放量,指定这些标准存放量的放置边界、限高,占据的台车数、面积等,并有清晰的标识以便周知。

(2)在制品堆放整齐,先进先出。在现场堆放的在制品,包括用于搬运的各类载具、搬运车、栈板等,要求始终保持叠放整齐,边线相互平行或垂直于主通道,这样既能使现场整齐美观,又便于随时清点,确保在制品"先进先出"。

(3)合理地搬运。

① 放置垫板或容器时,应考虑到搬运的方便。

② 利用传送带或有轮子的容器来搬动。

(4)在制品存放和移动中,要慎防碰坏刮损,应有缓冲材料间隔以防碰撞,堆放时间稍长的要加盖防尘罩,不可将在制品直接放在地板上。

(5)不良品放置场地应用红色标示。如果将不良品随意堆放,则容易发生误用,所以要求员工养成习惯,一旦判定为不良品,应立即将其放置在指定场所。

在制品的整顿结果如图5-20所示。

图5-20　在制品的整顿结果

5.5.12　公告物的整顿

5.5.12.1　墙壁上的海报、公布栏等张贴的要求

(1)不能随处张贴,要设定张贴区域。

(2)未标示及超过期限的东西不可张贴。

(3)胶带遗留的痕迹一定要擦拭掉。
(4)公告物上端要取一定的高度平齐张贴,这样会显得整齐划一、有精神。

5.5.12.2 标示看板

(1)垂吊式看板,高度设定要统一。
(2)要确定固定好,以免被风吹动或造成掉落。

5.5.12.3 查检表等

标准书、查检表、图纸类等,必须要从通道或稍远距离就可看到。如图5-21所示。

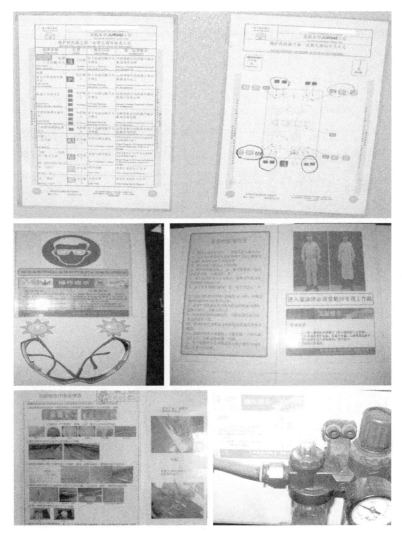

图5-21 整顿后的查检表、操作指引等

5.5.13 仓库的整顿

以定位、定量、定容来整顿仓库。

5.5.13.1 定位

（1）对材料及成品以分区、分架、分层来区分。
（2）设置仓库总看板，使相关人员对现况的把握能一目了然。
（3）搬运工具定位，以便减少寻找时间。
（4）严守仓库的门禁和发放时间。

5.5.13.2 定量

（1）相同的物品，在包装方式和数量上应尽量一致。
（2）设定标准的量具来取量。
（3）设定最高限量基准。

5.5.13.3 定容

各种材料、成品的规格不一，因此要用不同的容器来装载。对同类物品的装载，容器大小应尽量相同，不然，大小不一的容器不仅显得不整齐，同时也浪费空间。此外，容器的规格选择必须考虑搬动的方便与否。整顿后的仓库如图5-22所示。

图5-22 整顿后的仓库

5.5.14 办公室的整顿

5.5.14.1 工作区域

（1）有隔间的，在门口处标示部门。
（2）有隔屏的，则在隔屏的下面标示部门。
（3）无隔屏的，则在办公桌上以标示牌标示。
（4）办公设备实施定位。
（5）桌垫底下放置的内容最好统一规定，保持整洁。
（6）长时间离位以及下班时，桌面物品应归好位，锁好抽屉，逐一确认后才离开。

5.5.14.2 资料档案

（1）整理所有的文件资料，并依大、中、小进行分类。
（2）不同类别活用颜色管理方法。
（3）文件内引出纸或色纸，以便索引检出。

5.5.14.3 看板、公告栏

（1）看板、公告栏的版面格局区分标示，如"公告""教育训练信息""资料张贴"等。
（2）及时更新资料。

5.5.14.4 会议室、教室

（1）所用物品如椅子、烟灰缸、投影仪、笔、橡皮擦等应定位。
（2）设定责任者，定期以查核表逐一点检。

5.6 对整顿进行评估

整顿进行到一定阶段，必须对其进行评估，具体可运用表5-1来进行。

表5-1 整顿评估表

部门：　　　　　　检查者：　　　　　　日期：

分类	序号	着眼点	检查		对策、改善方案（完成日期）
			是	否	
库存品	1	置物场有无揭示三定看板			
	2	是否一眼即能看出定量标示			

续表

分类	序号	着眼点	检查 是	检查 否	对策、改善方案（完成日期）
库存品	3	物品放置方法是否呈水平、垂直、直角、平行			
	4	置物场有没有立体化的余地			
	5	是否能够"先进先出"			
	6	为防止物品间碰撞是否有缓冲材料或隔板			
	7	是否能防止灰尘进入			
	8	物品是否直式摆放在地面			
	9	不良品的保管是否有明确的定置场			
	10	有无不良品放置场的看板			
	11	不良品是否容易看见			
治工具	12	放置场所是否有揭示"三定"看板			
	13	治工具本身是否贴上名称或代码			
	14	使用频率高的治工具是否放置在作业的近处			
	15	是否依产品类别整套方式来处理			
	16	是否依作业程序来决定放置方式			
	17	治工具在作业揭示书中有无指定场所			
	18	治工具是否零乱，能否在当场就看得出来			
	19	治工具显得零乱是否当场即予整理			
	20	治工具能否依共通化而将其减少			
	21	治工具能否依替代手段而将其减少			
	22	是否有考虑归位的方便性			
	23	是否在使用场所的10厘米以内规定放置处			
	24	是否放置在10步以外			
	25	是否放置方位恰当，不弯腰就可以拿到			
	26	能否吊起来			
	27	即使是不用眼睛看，是否也能大概地归位放好			
	28	目标尺寸范围是否很广			
	29	治工具使用中，能否交替更换			
	30	是否依外观整顿			
	31	能否依颜色色别做整顿			

续表

分类	序号	着眼点	检查 是	检查 否	对策、改善方案（完成日期）
刀具	32	使用频率高的刀具是否放置在身边			
	33	使用频率低的刀具是否可以共同使用			
	34	能否做产品类别组合方式处理			
	35	有无采取防止碰撞的对策			
	36	抽屉有无使用波浪板			
	37	抽屉是否采用纵方向整理收拾			
	38	研削砥石是否堆积放置			
	39	有无采取刀具的防锈对策			
	40	放置场所是否有防止灰尘或污物的措施			
计量器具	41	计量器具放置场能否有"三定"处理			
	42	能否知道计量器具的有效使用期限			
	43	微米量尺是否放置在不震动处			
	44	有无下垫避震材料			
	45	方量规、螺丝量规有否防碰撞措施			
	46	测试单、直角尺有无吊挂以防止变形			
油品	47	是否有做油罐→给油具→注油口的色别整顿			
	48	是否做油品种类汇总			
	59	在油品放置处是否有"三定"看板			
安全	50	通道有无放置物品			
	51	板材等长形物是否直立放置			
	52	易倒的物品有无设置支撑物			
	53	物品堆积方式是否容易倒塌			
	54	是否把物品堆积得很高			
	55	回转部分有没有用盖子盖上			
	56	危险地区是否有做栅栏			
	57	危险标示是否做得很清楚醒目			
	58	消防灭火器的标示是否从任一角度均可看见			
	59	消防灭火器的放置方式是否正确			
	60	防火水槽、消火栓的前面是否堆置物品			
	61	交叉路口有无暂停记号			
		合计			
		综合结论：			

对于没有做好的事项要发出纠正及预防措施通知（6SCAR）进行跟踪，如下面的范本所示。

【范本31】6S纠正及预防措施通知 ▶▶▶

6S纠正及预防措施通知

不合格点的说明

	NC编号：	6SCAR102603
审核日期： 10月23日	审核员/记录员：	
审核地点： 厂房二3楼仓存区	违反标准：	2.7

改善前相片

不合格点的说明：
闲置木柜、铁柜、传送带、包装机、垫模板、超音波洗缸等放置较乱，未明确定位存放及标记状态
（第43周）

纠正及预防措施　　纠正人：　ME　　纠正日期：　　年11月5日

改善后相片

纠正及预防措施：
划分区域、分类摆放、明确责任人

跟进结果：第45周跟进时该区域已重新划分，机器及物料均重新摆放整齐和标示清楚

跟进者：　　　　　　　审批：　　　　　　　　　　　年11月11日

第6章 3S——清扫（SEISO）的推进要点

6.1 准备工作要做足
6.2 决定清扫担当者
6.3 建立清扫基准和制度
6.4 以正确的方法进行清扫
6.5 整修在清扫中发现有问题的地方
6.6 查明污垢的发生源
6.7 清扫的检查与鉴定

6.1 准备工作要做足

6.1.1 安全教育

对员工做好清扫的安全教育,对可能发生的事故(触电、挂伤碰伤、涤剂腐蚀、坠落砸伤、灼伤等不安全因素)进行预防和警示。

6.1.2 设备常识教育

对员工就设备的老化、出现的故障、可以减少人为劣化因素的方法、减少损失的方法等进行教育,使他们通过学习设备基本构造,了解其工作原理,能够对出现尘垢、漏油、漏气、震动、异常等状况的原因进行分析。

6.1.3 技术准备

事先制定相关作业指导书,明确清扫工具、清扫位置、加油润滑基本要求、螺丝钉卸除和紧固的方法及具体顺序步骤。

6.2 决定清扫担当者

对于清扫,应该进行区域划分,实行区域责任制,责任到人,不可存在没人理的死角。以下提供几份相关责任的表格供参考使用。如表6-1～表6-3所示。

表6-1 清扫值日表

6S区	责任人	值日检查内容
电脑区	×××	机器设备是否保持干净,无灰尘
检查区	×××	作业场所、作业台是否杂乱,垃圾桶是否清理
计测器区	×××	计测器摆放是否整齐,柜面是否保持干净,柜内有无杂物
休息区	×××	地面无杂物,休息凳摆放是否整齐
夹具区	×××	夹具摆放是否整齐,夹具是否保持干净
不良品区	×××	地面无杂物,除不良品外无其他零件和杂物存放

续表

6S区	责任人	值日检查内容
零件放置区	×××	柜内零件规格摆放整齐，标志明确
文件柜及其他	×××	文件柜内是否保持干净，柜内物品是否摆放整齐

备注：（1）此表的6S区是由责任者每天进行维护。
（2）下班前15分钟开始。
（3）其他包括清洁器具放置、柜、门窗、玻璃。

表6-2　6S责任标签

6S责任区			
编号	区域间	责任部门	责任人
C022	车间管理看板	生产组	×××

表6-3　日常清扫计划表

工作区域														责任人照片	
责任人															
实施内容	清扫部位	清扫周期	要点	清扫实施内容确认											
				1	2	3	4	5	6	7	8	9	10	11	12	…	30
地面	表面	每天	无污物														
天花	表面	每天	无污物														
消防设备	表面	每天	无污物														
机台	表面	每天	无污物														
……																	

备注：1.员工必须按时实施6S工作。
2.干部应进行监督和检查实施情况。
3.实施确认后在栏内打√。

6.3 建立清扫基准和制度

除了责任到人之外,还需要建立一套清扫的基准,制定相关清扫基准,明确清扫对象、方法、重点、周期、使用工具、责任者等项目,以保证清扫质量,促进清扫工作的标准化。以下提供三个范本供参考。

【范本32】设备清扫点检基准表

设备清扫点检基准表

编号:

序号	设备	项目	方法	清扫要点/点检基准	周期	备注
1	空调器	1.出风口 2.入风口 3.外表面 4.顶盖部 5.过滤网 6.周边环境	清扫时可用湿抹布涂上肥皂擦拭,再用干抹布擦净(电气部分除外)	●清除空调表面灰尘、污垢 ●清理空调及周边的不要物 ●注意空调背面及平时不打开的部位 ●下班后检查空调是否关闭	1次/日 (其中第5项为1次/周末)	
	……					

[范本33] 设备清扫部位及要点

设备清扫部位及要点

类别	清扫部位	清扫要点	清扫重点
设备及附属机械	1. 接触原材料/制品的部位、影响品质的部位（如传送带、滚子面、容器、配管内、光电管、测定仪器）	有无不需要的物品、摩擦、磨损等	（1）清除长年放置堆积的灰尘垃圾、污垢 （2）清除因油脂、原材料泄漏造成的脏出、飞散 （3）清除涂膜卷曲、金属面生锈 （4）清除不必要的阀示 （5）明确不明了的标示
	2. 控制盘、操作盘内外	(1) 有无不需要的物品、配线 (2) 有无劣化部件 (3) 有无螺丝类的松动、脱落……	
	3. 设备驱动机械、部品（如链条、链轮、轴承、马达、风扇、变速器等）	(1) 有无过热、异常音、振动、缠绕、磨损、松动、脱落等 (2) 润滑油泄漏飞散 (3) 点检润滑作业的难易度	
	4. 仪表类（如压力、温度、浓度、电压、拉力等的指针）	(1) 指针摆动 (2) 指示值异常 (3) 有无管理界限 (4) 点检的难易度	
	5. 配管、配线及配管附件（如电路、空气等的配管、开关阀门、变压器等）	点检作业难易度（明暗、阻挡看不见、磨损） (1) 有无内容/流动方向/开关状态等标志 (2) 有无不需要的配管器具 (3) 有无裂纹、磨损	
	6. 设备框架、外盖、通道、立脚点	(1) 液体、粉尘泄漏、飞散 (2) 原材料投入时的飞散 (3) 有无搬运器具 ……	
	7. 其他附属机械（如容器、搬运机械、叉车、升降机、台车等）	(1) 有无标示 (2) 有无乱摆放方法等	
周边环境	8. 工夹具及存放的工具柜、工装架等	(1) 有无标示及乱摆放等	（1）整顿规定置以外放置的物品需求多的物品比正常 （2）整理出的物品应急时可使用物品以外的放置 （4）整顿乱乱写乱画、溜溜达达、摆乱放
	9. 原材料、半成品、成品（含存放台）	(1) 有无区划线、是否模糊不清 (2) 不需要物品、指定物品以外的放置 (3) 通行与神牛器具上的安全性	
	10. 地面（如通道、作业场地及其区划、区划线等）	(1) 放置、取用 (2) 计量仪器类的脏污、精度等	
	11. 保养用机器、工具（如点检、检查器械、润滑器具、材料、保管棚、备品等）	(1) 脏污 (2) 破损	
	12. 墙壁、窗户、门库		

备注：

【范本34】办公室部门清扫行动标准

办公室部门清扫行动标准

部门： 　　　　部门主管： 　　　　时间： 　　年　　月　　日

区域划分	点检地点	清扫人	清扫频率	清扫标准	达成状况	备注
办公室部门	地面（毯）		每天一次	无垃圾		
				无污垢		
				无破损		
	墙壁		每周一次	无脚印及其他痕迹		
				无过时张贴物		
				悬挂物或张贴物整齐有序		
	办公桌		每天一次	桌面干净明亮		
				桌下无杂物垃圾		
				台面干净明亮		
	办公台		每天一次	计算机下面无灰尘		
				台面下无杂物垃圾		
	电脑		每天一次	主机表面及下面无灰尘		
				显示器外壳荧屏无灰尘		
				键盘面及下面无灰尘		
				鼠标无灰尘		
				音响外表面及下面无灰尘		
				电线捆绑整齐		
	复印机（传真机）			设备外表面		
				设备后面		
				一般不打开部位		
	空调机		每天一次	外表面		
				送风口		
			每周一次	背部		
				顶部		
	文具		每天一次	文具盒无灰尘，无废弃文具		
			每天一次	文具形迹		
			每天一次	文具库存		

续表

区域划分	点检地点	清扫人	清扫频率	清扫标准	达成状况	备注
办公室部门	文件档案		每天一次	文件柜面无灰尘		
			每周一次	文件柜顶、后部无灰尘		
			每周一次	文件柜内无废弃文件		
			每年一次	机密文件予以销毁		
			每周一次	一般文件背面可用,再用		
			每周一次	不可利用者,集中废料仓		
	照明设备		每周一次	无破损、无灰尘		
	天花板		每月一次	无灰尘、无污点		

核准: 　　　　　审核: 　　　　　制定:

6.4 以正确的方法进行清扫

6.4.1 清扫地面、墙壁和窗户

在作业环境的清扫中,地面、墙壁和窗户的清扫是必不可少的,在清扫时,要探讨作业场地的最佳清扫方法;了解过去清扫时出现的问题,明确清扫后要达到的目的;清理整顿地面放置的物品,处理不需要的东西。全体人员清扫地面,清除垃圾,将附着的涂料和油污等污垢清除,并分析地面、墙壁、窗户的污垢来源,想办法杜绝污染源,并改进现有的清扫方法。如图6-1、图6-2所示全体人员进行清扫及清扫后的地板效果。

图6-1 全体人员行动起来清扫

图6-2 清扫后的地板

6.4.2 清扫设备

设备一旦被污染,就容易出现故障,并缩短使用寿命。为了防止这类情况的发生,必须杜绝污染源。因此要定期地进行设备和工具及其使用方法等方面的检查,经常细心地进行清扫。

在进行设备清扫时需要注意以下内容。

(1)不仅设备本身,其附属、辅助设备也要清扫。

(2)容易发生跑、冒、滴、漏部位要重点检查确认。

(3)油管、气管、空气压缩机等看不到的内部结构要特别留心。

(4)核查注油口周围有无污垢和锈迹。

(5)表面操作部分有无磨损、污垢和异物。

(6)操作部分、旋转部分和螺丝连接部分有无松动和磨损。

也就是说在清扫的过程中要注意对设备进行点检,检查每一个地方是否有异常。图6-3所示是某员工在点检中发现设备故障问题的过程。

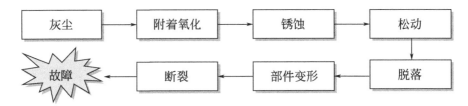

图6-3 点检中发现设备故障问题的过程

为使点检工作规范,最好是就每一台设备制定点检表,确定其点检项目、点检标准、点检方法、点检周期,并要求对设备的清扫点检进行记录。

【范本35】某企业设备点检表

某企业设备点检表

序号	类别	点检项目	标准/方法/工具	周期	1	2	3	4	5	6	…	31
1	1	检查链条是否缺润滑	目视	开机前								
2	2-1	检查压缩空气第①点压力	4~6千克/目视	开机前								
3	6	真空泵传动轴检查	能转动/手扳动	开机前								

续表

序号	类别	点检项目	标准/方法/工具	周期	1	2	3	4	5	6	…	31
4	7	冷却水管是否漏水	否/目视	开机后								
5	8-1	混炼部分是否有异常声响	无/倾听	开机后								
6	10-4	粗炼第①点加润滑油	油枪	开机后								
7	2-2	空滤第①点排水	放水/4小时	13:00								
8	2-8	空滤第④点排水	放水/4小时	13:00								
9	11-1	运输带①是否有异物	无/目视	下班前								
10	13	检查冷却风扇滤网	清洁/清洗	每周一次								
点检者：A：张三　B：李四　C：王五　D：赵六												

6.5　整修在清扫中发现有问题的地方

清扫过程中会发现不少问题，因而对发现的问题要及时处理，可以进行以下改进。

（1）地面凹凸不平，搬运车辆走在上面会让产品碰撞，导致品质问题发生；连员工也容易摔跟斗，这样的地板要及时整修。

（2）对松动的螺栓要加以紧固，补上不见的螺丝、螺母等配件。

（3）对需要防锈保护或需要润滑的部位，要按照规定及时加油保养。

（4）更换老化或有裂口的水管、气管、油管。

（5）清理堵塞管道。

（6）更换难以维修难以读数的仪表装置。

（7）添置必要的安全防护装置。

（8）要及时更换绝缘层已老化或被老鼠咬坏的导线。

6.6 查明污垢的发生源

即使每天进行清扫,油渍、灰尘和碎屑还是无法杜绝,要彻底解决问题,还须查明污垢的发生源,从根本上解决问题。

6.6.1 污染、泄漏产生的原因

工厂污染发生源产生的原因,大致有以下几个方面。
(1) 管理意识低落。未将污染发生源当作重要的问题来考虑。
(2) 放任自流。不管污染发生源产生在何处,任其呈现破损及不正常状态。
(3) 维持困难。由于清扫难度大,所以干脆放弃不管。
(4) 技术不足。技术的解决方法不足,或完全未加以防范。

6.6.2 污染发生源调查

6.6.2.1 将污染的对象明确化

在进行发生源调查之前,须先确认是什么污染物。由于污染的种类、形态、严重度、产生量多少等不同,大扫除的方法、调查的方法以及对策也将完全不一样。

6.6.2.2 追寻污染发生源

污染是由于制造过程中自然发生的或不应该发生的?或绝对不可发生的?是不注意而造成严重的污染还是量过多来不及回收所致……总之,必须追查污染物为什么会发生及确定如何处置,并以认真的态度及有效的方法追根究底。

6.6.2.3 决定污染最严重的重点部位

通过对污染源的调查,将具体的发生部位挂上标示牌,其内容包括如下方面。
(1) 发生部位。
(2) 状态。
(3) 发生量(数字明确标示量化程度)。
(4) 测定方法。
(5) 防范方法(防止对策或回收方法)。

调查后,就可决定污染最严重的重点部位,如护盖移位或松动等可以立即实施对策,不过其他项目,须依重点顺序实施对策。表6-4是污染发生源及困难处所登记表。

表6-4 污染发生源及困难处所登记表

序号	部门	污染发生源及困难处所	描述	改善措施	预计费用	改善担当部门	预计完成日	完成检查		
								项目负责人	经理	推行办

注：判断改善结果通过时记入○；结果不通过时记入×。

6.6.3 寻求解决对策

污染源对策就是思考减少污染发生量或完全不让污染发生的办法。在具体对策方面如下所述。

（1）研讨各种技术，在容易产生粉尘、喷雾、飞屑的部位，装上挡板、覆盖等改善装置，将污染源局部化，以保障作业安全及利于废料收集，减少污染。

（2）在设备更换、移位时，同样要将破损处修复。

（3）日常的维持管理是相当重要的，对有黏性的废物如胶纸、不干胶、发泡液等，必须通过收集装置进行收集，以免弄脏地面。

（4）在机器擦洗干净后要仔细地检查给油、油管、油泵、阀门、开关等部位，观察油槽周围有无容易渗入灰尘的间隙或缺口，排气装置、过滤网、开关是否有磨损、泄漏现象。

（5）电器控制系统开关、紧固件、指示灯、轴承等部位是否完好。

（6）须思考高效率的收集或去除污染的方法。如：油、废水回收的导槽、配管及为收取粉尘而装设的集中收集装置，使污染物不到处飞散的方法、特制的打扫用具、让切屑粉容易流动、方便扫除的设备形状……因为生产造成的污染源，在工厂里是不可回避的。

一旦对污染源采取对策之后，对于对策所要花费的费用及工时的评估、对策的难易度、是否自己能解决或者须依赖其他部门的技术支援等问题都要加以分析。进一步思考所采取的对策期待的效果大小，并设定优先顺序，然后才实施。

表6-5 污染源对策

想法		具体的处理方法	改善重点
发生源对策	杜绝式：不使它发生的方法 （1）不使发生 （2）消减发生量	（1）防止滴漏。密封式、封垫方式 （2）防止飞散。门、护盖的形状、飞散方向或形状 （3）松弛、破损的修理 （4）制程设计。无粉尘、密封轴承（无油化）、无研磨 （5）防止堵塞、积存	1.去除 2.擦拭 3.修理 4.停止 5.止住 6.减低 7.不积尘 8.集中 9.不发散 10.不携带 11.切削
清扫困难处所对策	收集式：收集或去除的方法 （1）集中方法 （2）去除方法	（1）集尘能力、方法的重新修正 （2）去除、回收的方法 （3）扫除道具、收集导板、承油盘形状、大小改善 （4）洗净方法 （5）切削粉的形状、大小、飞散方向，设备本体或基座的形状	

6.7 清扫的检查与鉴定

清扫工作进行到一定阶段，也要对之进行检查、鉴定，以确保能完全达到标准，同时，对不合格者要发出纠正措施改善通知。

6.7.1 清扫的检查点

在清扫结束之后要进行清扫结果的检查，检查项目有以下几个方面。如表6-6所示。

（1）是否清除了污染源。
（2）是否对地面、窗户等地方进行了彻底的清扫和破损修补。
（3）是否对机器设备进行了从里到外的、全面的清洗和打扫。

表6-6 清扫的检查点

部门：　　　　　　　检查者：　　　　　　　日期：

序号	检查点	检查		对策
		是	否	（完成日期）
1	制品仓库里的物品或棚架上是否沾有灰尘			
2	零件材料或棚架上是否沾有灰尘			

续表

序号	检查点	检查 是	检查 否	对策（完成日期）
3	机器上是否沾满油污或灰尘			
4	机器的周遭是否飞散着碎屑或油滴			
5	通道或地板是否清洁亮丽			
6	有否执行油漆作战			
7	工厂周遭有否碎屑或铁片			
8				
9				

6.7.2　检查的方法——白手套检查法

除了6S活动委员会的定期巡查之外，作为现场管理人员如何快速检查本部门的清扫效果呢？尤其是人多事杂的部门，如果一个个工序、一个个项目地检查，耗时又费力。这里推荐一个轻松方便的方法——白手套检查法。

清扫检查时，检查人员双手都戴上白色干净的手套（尼龙、纯棉质地均可）。在检查相关的对象之前，先向该工序的责任人员出示你的手套是干净的，然后在该检查对象的相关部位来回刮擦数次，接着再将手套重新向责任人员出示，由责任人员自己判定清扫结果是否良好。如果手套有明显脏污，则证明清扫工作没做好，反之则说明清扫符合要求。如图6-4所示。

图6-4　用白手套检查法

这种方法简单明了，反映的结果客观公正，具有极强的可操作性。在绝大多数情况下，当事者都乐于接受手套上所反映出来的结果，不会产生抵触情绪，因为结果自己也亲眼看到了，无话可说，管理人员也用不着费什么口舌。检查结束后，当事人员都会积极配合进行改善活动。

用白手套法检查时要注意以下事项。

（1）多预备几对手套。尤其是对长流水线的工序检查，往往一对手套检查不下来。擦脏的手套要另外摆放，事后即时清洗，这本身也是清扫的一部分。

（2）每次只用一个手指头的正面或背面来检查。如果每次都用手掌面来确认的话，那手套肯定不够用，但是分开十个手指头的话就不同了，十个手指头的正反面，加上手掌面和手背面，一对手套就能检查22个工序。如果手指头和工序一一对应的话，只要看一下最终结果，就知道哪些工序有问题。

（3）也可以用白纸、白布切小后来刮擦。检查有油脂、油墨的工序时，一旦黏上手套的话，手套也得报废，因此要改用白纸、碎白布之类的东西来检查。

（4）多让当事者自己判定。就现场来说，绝大多数作业人员存在不愿意输给他人的心理，管理人员只要把十个手指头一亮，作业人员自然就会把自己与前后工序进行比较，有比较就会有进步，不好的会改善，好的会更好。

（5）擦拭部位要不断变换。如果每次检查都固定在某一部位上，久而久之，大家都会误以为检查只是流于形式，从而日渐松懈，而个别不自觉的人，甚至会趁机偷工减料，只清扫你每次擦拭的地方。

6.7.3 填写清扫检查表

清扫检查表的用途是将库存、设备、空间有关事项，在清扫时的检查要点加以整理的表格。如表6-7所示。

表6-7 清扫检查表

部门：　　　　　　检查者：　　　　　　日期：

分类	序号	着眼点	检查		对策、改善案（完成日期）
			是	否	
库存品	1	有无清除与制品或零件、材料有关的碎屑或灰尘			
	2	有无清除切削或洗净后的零件所产生的污锈			
	3	有无清除库存品保管棚架上的污物			
	4	有无清除半成品放置场的污物			
	5	有无清除库存品、半成品的移动用栈板上的污物			

续表

分类	序号	着眼点	检查 是	检查 否	对策、改善案（完成日期）
设备	6	是否清除机器设备周边的灰尘油污			
	7	有无清除机器设备下的水或油以及垃圾			
	8	有无清除机器设备上的灰尘、污垢、油污			
	9	有无清除机器设备侧面或控制板套盖上的油垢、手污			
	10	有无清除油量显示或压力表等玻璃上的污物			
	11	有无将所有的套盖打开，清除其中的污物或灰尘			
	12	有无清除附着于气压管、电线上的尘埃、垃圾			
	13	有无清除开关类的灰尘、油垢等			
	14	有无清除附着于灯管上的灰尘（使用软布）			
	15	有无清除段差面的油垢或灰尘（使用湿抹布）			
	16	有无清除附着于刀具治具上的灰尘			
	17	有无清除模具上的油垢			
	18	有无清除测定器上的灰尘			
空间	19	有无清除地板或通道上的沙、土、灰尘等			
	20	有无除去地板或通道上的积水或油污			
	21	有无清除墙壁窗户等的灰尘或污垢			
	22	有无清除窗户玻璃上的手垢、灰尘			
	23	有无清除天花板或梁柱的灰尘、污垢			
	24	有无清除照明器具（灯泡、日光灯）的灰尘			
	25	有无清除照明器具盖罩上的灰尘			
	26	有无清除棚架或作业台等的灰尘			
	27	有无清除楼梯的油污、灰尘、垃圾			
	28	有无清除梁柱上、墙壁上、角落等的灰尘垃圾			
	29	有无清除建筑物周遭的垃圾、空瓶			
	30	有无使用清洁剂将外墙的污脏加以清洗			
		合　　计			
综合结论：					

6.7.4 发出纠正及预防措施通知

对于检查中发现的问题要发出纠正及预防措施通知，并跟踪改善情况。

【范本36】5S纠正及预防措施通知

5S纠正及预防措施通知

不合格点的说明：_____　　NC编号：_____
审核日期：_____　　　　　审核员/记录员：_____
审核地点：_____　　　　　违反标准：_____
改善前相片

不合格点的说明：
机器上灰尘太厚，螺丝及提示标志看不到
（第3周）

纠正及预防措施　　纠正人：叶　　纠正日期：___年___月___日
改善后相片

纠正及预防措施：
清扫干净

跟进结果：　第4周跟进时已清扫干净
跟进者：_____　　审批：_____　　___年___月___日

第7章 4S——安全（SAFETY）的推进要点

- 7.1 将安全责任落实到位
- 7.2 开展安全教育
- 7.3 做好安全识别
- 7.4 服装、劳保用品
- 7.5 确保机械设备的安全
- 7.6 保证作业环境的安全
- 7.7 消防安全
- 7.8 配备急救药箱
- 7.9 对危险源进行识别与控制
- 7.10 开展安全检查

开展安全活动就是要消除隐患，排除险情，预防事故的发生。其目的是保障员工的人身安全和生产的正常运行，减少经济损失。

7.1 将安全责任落实到位

"安全生产，人人有责"这个口号在许多企业里喊得很响，标语也贴得满墙都是，但是执行起来却不彻底，当问题来临时，往往就找不到责任人。所以，在开展安全活动时，最重要的是将安全责任落实到位。具体可以采取召开宣誓大会的方式，召集所有的员工开一个大会，尽量隆重些，企业的重要领导一定要到场，显得公司从上到下都非常重视这项工作。

宣誓大会要讲安全的重要性，要求员工从上到下都进行安全宣誓，同时要签下责任书，如以下范本所示。

【范本37】安全生产第一责任人任命书

安全生产第一责任人任命书

责 任 书

兹任命_____为____厂____部安全生产第一责任人。

签发人（总经理）：
公司盖章：
年　　月　　日

_____部安全生产第一责任人职责：

（1）认真贯彻落实国家安全生产方针、政策，安全生产法律、法规，以及本公司的安全生产规章制度。

（2）实行"谁主管、谁负责"的原则，对本部门的安全生产工作全面负责。

（3）坚决履行本公司安全生产责任制，管生产必须管安全。

（4）对本部门（车间）进行危险源的识别与评价，确定重大危险源及其控制措施。

（5）按公司部署，组织制定本部门安全管理制度及安全技术操作规程和安全技术措施计划。

（6）贯彻"五同时"原则，即在计划、布置、检查、总结、评比生产工作的同时，同时计划、布置、检查、总结、评比安全工作。

（7）组织各项安全生产检查，及时消除安全隐患。

（8）组织制定并实施本部门（车间）的安全生产事故应急救援预案。

（9）组织实施对本部门（车间）的生产设备、安全装置、消防设施、灭火器材、防护器材和急救器具安全检查，确保器材完好有效，疏散信道和安全出口畅通，并教育员工加强维护正确使用。

（10）切实做好本部门员工安全上岗培训、工种转换培训，以及安全宣传工作。

（11）发生事故后积极组织人员进行抢救，防止事故扩大，并及时、如实向安委会主任报告。

（12）建立本部门安全小组，充分发挥车间和班组安全人员的作用；不违章指挥，不强令员工冒险作业。

（13）制定并努力达成本部门年度安全生产目标。

（14）积极配合公司安全生产委员会及安全办的安全管理工作。

（15）公司第一安全责任人委托的其他安全生产工作。

本人同意接受上述任命，坚决履行本部门第一安全责任人职责，切实抓好管好本部门的安全生产工作。

签名：

日期：　　年　　月　　日

【范本38】部门主管安全生产责任书

部门主管安全生产责任书

主管安全生产职责：

（1）认真贯彻落实国家安全生产方针、政策，安全生产法律、法规，以及本公司的安全生产规章制度。

（2）实行"谁主管、谁负责"的原则，对本部门或本车间的安全生产工作全面负责。

（3）参与制定本部门安全管理制度及安全技术操作规程和安全技术措施计划。

（4）实施各项安全生产检查，及时消除安全隐患。

（5）切实做好本部门员工车间级安全上岗培训、工种转换培训，以及安全宣传工作。

（6）发生事故立即报告，并指挥组织抢救，保护好现场，做好详细记录。

（7）搞好生产设备、安全装置、消防设施、防护器材和急救器具的检查维护工作，使其保持完好和正常运行，督促教育员工正确使用劳动保护用品。

（8）不违章指挥，不强令员工冒险作业。

（9）本部门第一安全责任人委托的其他安全工作。

我们承诺：坚决履行上述安全生产职责和义务，认真抓好本部门或本车间安全生产工作。

签发人（部门安全生产第一责任人）：_____

责任人签名：　　　　　　　　　　日期：　　年　　月　　日

序号	姓名	工号	职位	签名

【范本39】领班、班组长安全生产责任书

领班、班组长安全生产责任书

领班、班组长安全生产职责：

（1）执行本公司和车间安全生产规定和要求，对本班组的安全生产全面负责。

（2）组织员工学习并贯彻执行公司、车间各项安全生产规章制度和安全技术操作规程，教育员工遵守法纪，制止违章行为。

（3）组织并加强安全活动，坚持班前讲安全、班中检查安全、班后总结安全。

（4）负责对新老员工进行岗位安全教育。

（5）负责班组安全检查，发现不安全因素及时组织力量消除，并报告上级。

（6）发生事故立即报告，并组织抢救，保护好现场，做好详细记录。

（7）搞好本班组生产设备、安全装置、消防设施、防护器材和急救器具

的检查维护工作，使其保持完好和正常运行，督促教育员工正确使用劳动保护用品。

（8）不违章指挥，不强令员工冒险作业。

（9）本部门第一安全责任人委托的其他安全工作。

我们承诺：坚决履行上述安全生产职责和义务，认真抓好本班组安全生产工作。

签发人（部门安全生产第一责任人）：_____

责任人签名：　　　　　　　　　日期：　　　年　　　月　　　日

序号	姓名	工号	职位	签名

【范本40】员工安全生产责任书

员工安全生产责任书

员工安全生产职责：

（1）严格遵守公司各项安全管理制度和操作规程，不违章作业，不违反劳动纪律，对本岗位的安全生产负直接责任。

（2）认真学习和掌握本工种的安全操作规程及有关安全知识，努力提高安全技术。

（3）精心操作，严格执行工艺流程，做好各项记录，交接班必须交接安全情况。

（4）了解和掌握工作环境的危险源和危险因素，发现各种事故隐患时积极进行报告。

（5）发生事故，要正确处理，及时、如实地向上级报告，并保护现场。

（6）积极参加各种安全活动，发现异常情况及时处理和报告。

（7）正确操作，精心维护设备，保持作业环境整洁、有序。

（8）按规定着装上岗作业，正确使用各种防护器具。

（9）有权拒绝违章作业的命令，对他人违章作业予以劝阻和制止。

我们承诺：坚决履行上述安全生产职责和义务，认真做好本岗位的安全生产工作。

签发人（部门安全生产第一责任人）：_____

责任人签名：_____   日期：____年____月____日

序号	姓名	工号	工种	签名	序号	姓名	工号	工种	签名

7.2　开展安全教育

7.2.1　安全教育的目标

工作场所的安全教育目标，需要根据现场的具体情况来确定。这就需要很好掌握现场的实际情况，对现场的安全要从人、物、程序上进行分析，什么是影响完成目标的因素，消除这些影响因素，就是现场安全教育的目标，可以举例如下。

（1）物的方面。主要检查由于看惯了的原因，容易对异常看漏看错。

（2）人的方面。仍旧是劳动保护用具穿着的不合规定，对来协助工作者的教育容易忽视。

（3）作业方面。非正常作业和转换安排时的准备不够，很多时候会感觉突然。

7.2.2　安全教育的内容

安全教育的内容如表7-1所示。

表 7-1　安全教育的内容

序号	类别	目的
1	知识教育	（1）对所使用的机械设备的结构、功能、性能要有概念，使其理解灾害发生的原因 （2）教授安全有关的法规、规定的标准，不仅使其理解，还要教授活用的方法
2	解决问题的教育	（1）找出原因，解决问题。以过去或现场存在的问题为例，使其了解从发现问题、查明原因、确认事实，直到采取对策过程的手续、方法 （2）指出目标，处理问题。也像上面一样使其理解手续方法，培养观察问题的能力，即培养直观能力、分析能力和综合能力
3	技术教育	（1）使其掌握作业方法和机械设备操作方法以及掌握程序与重点 （2）培养适应能力，以实际操作为主来进行
4	态度教育	（1）对安全作业从思想上重视并实行 （2）遵守工作场所纪律和安全纪律 （3）提高工作积极性

7.2.3　安全教育的方法

7.2.3.1　反复进行

反复地讲给他们听，做给他们看，让他们看看，就能记住。知识教育要从各种角度去教；技能教育要达到直观、领会和掌握关键；态度教育可以举几个例子使每个人在思想上能够接受，以改变过去的认识和态度。

7.2.3.2　强化印象

不是抽象的、观念性的教法，而是以事实和事物具体地教，以刺激学习人的要求，让他记在心里。

7.2.3.3　利用"五官"

根据教育内容，很好利用眼、耳、口、鼻、皮肤等任何一项的感觉进行教授。

7.2.3.4　理解功能

对东西的结构通俗易懂地教授，为了加深理解，特别要下功夫。

7.2.3.5　利用专栏、板报进行安全教育

即将安全教育的内容以看板的形式展示出来，如图 7-1 所示。

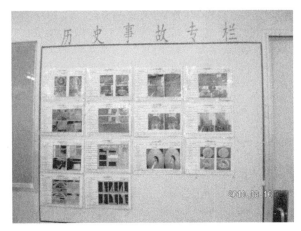

图7-1　安全教育看板

7.3　做好安全识别

安全识别主要是利用颜色刺激人的视觉,达到警示的目的及作为行动的判断标准,以起到危险预知的作用。在工厂生产中所发生的灾害或事故,大部分是由于人为的疏忽,因此,有必要追究到底是什么原因导致人为的疏忽,研究如何预防工作疏忽。其中,利用安全色彩是很有必要的一种手段。如图7-2所示,将安全警示标志贴在需要特别注意的部位。

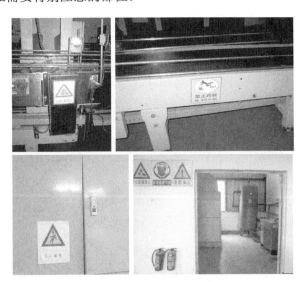

图7-2　安全警示标志

7.3.1 安全色

安全色使用标准如表7-2所示。

表7-2 安全色使用标准

序号	颜色	说明
1	红色	红色表示禁止、停止、消防和危险的意思。凡是禁止、停止和有危险的器件设备或环境,应涂以红色的标记
2	黄色	黄色表示警示。警示人们注意的器件、设备或环境,应涂以黄色标记
3	蓝色	蓝色表示指令,必须遵守的规定
4	绿色	绿色表示通行、安全和提供信息的意思。凡是在可以通行或安全的情况下,应涂以绿色标记
5	红色和白色相间隔的条纹	红色与白色相间隔的条纹,比单独使用红色更为醒目,表示禁止通行、禁止跨越的意思,用于公路、交通等方面所用的防护栏杆及隔离墩
6	黄色与黑色相间隔的条纹	黄色与黑色相间隔的条纹,比单独使用黄色更为醒目,表示特别注意的意思,用于起重吊钩、平板拖车排障器、低管道等方面。相间隔的条纹,两色宽度相等,一般为10毫米。在较小的面积上,其宽度可适当缩小,每种颜色不应少于两条,斜度一般与水平呈45度。在设备上的黄、黑条纹,其倾斜方向应以设备的中心线为轴,呈对称形
7	蓝色与白色相间隔的条纹	蓝色与白色相间隔的条纹,比单独使用蓝色更为醒目,表示指示方向,用于交通上的指示性导向标
8	白色	标志中的文字、图形、符号和背景色以及安全通道、交通上的标线用白色。标示线、安全线的宽度不小于60毫米
9	黑色	禁止、警告和公共信息标志中的文字、图形都应该用黑色

7.3.2 安全标志

安全标志是由安全色、边框和以图像为主要特征的图形符号或文字构成的标志,用以表达特定的安全信息。

安全标志分禁止标志、警告标志、命令标志和提示标志四大类。

7.3.2.1 禁止标志

禁止标志是禁止或制止人们要做某种动作。其基本形式是带斜杠的圆边框,禁止标志的颜色见表7-3,图示如图7-3所示。

表7-3 禁止标志的颜色

部位	颜色
带斜杠的圆边框	红色
图像	黑色
背景	白色

图7-3 禁止标志示例

7.3.2.2 警告标志

警告标志的含义是促使人们提防可能发生的危险。警告标志的基本形式是正三角形边框，警告标志的颜色及图示见表7-4和图7-4。

表7-4 警告标志的颜色

部位	颜色
正三角形边框、图像	黑色
背景	黄色

图7-4 警告标志示例

7.3.2.3 命令标志

命令标志的含义是必须遵守的意思。命令标志的基本形式是圆形边框,命令标志的颜色和图示见表7-5和图7-5。

表7-5 命令标志的颜色

部位	颜色
图像	白色
背景	蓝色

图7-5 命令标志示例

7.3.2.4 提示标志

提示标志的含义是提供目标所在位置与方向性的信息。提示标志的基本形式为矩形边框,提示标志的颜色及图示见表7-6和图7-6。

表7-6 提示标志的颜色

部位	颜色
图像、文字	白色
背景	一般提示标志用绿色,消防设备提示标志用红色

图 7-6 提示标志示例

7.3.3 补充标志

补充标志是安全标志的文字说明，必须与安全标志同时使用。

补充标志与安全标志同时使用时，可以互相连在一起，也可以分开，当横写在标志的下方时，其基本形式是矩形边框；当竖写时则写在标志杆的上部。补充标志的规定及图示见表 7-7 和图 7-7。

表 7-7 补充标志的规定

补充标志的写法	横写	竖写
背景	禁止标志——红色 警告标志——白色 命令标志——蓝色	白色
文字颜色	禁止标志——白色 警告标志——黑色 命令标志——白色	黑色
字体	黑体	黑体

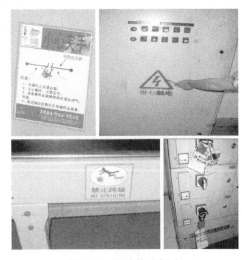

图 7-7 各种补充标志

7.4 服装、劳保用品

劳保用品的最大作用就是保护员工在工作过程中免受伤害或者防止形成职业病。但实际生产中因为员工对此意义理解不够,认为劳保用品碍手碍脚,是妨碍工作的累赘,因此,就要求管理者持续不断地加强教育,严格要求,使之形成习惯,决不能视而不见。

某纺织厂有个规定,试车的时候不能戴手套。李明是厂里的老员工,多次被厂里评为优秀员工,有很丰富的工作经验。也许正是这些经验让这位德高望重的老员工存在一种侥幸的心理,经常在试车的时候违规戴手套。碍于情面,班长赵军也不好说他什么,就私下叫王刚去提醒他注意一些。王刚刚说完,李明满不在乎地说:"放心了,不会有什么问题的。我吃的盐比你吃的饭还多呢!"

结果,手套绞入了机器里面,把手也带了进去,随之,一幕惨剧发生了,鲜红的血洒了一地。也许正是这丰富的工作经验让他存有一定的侥幸心理,认为自己不会出事,事故离他很远。

7.4.1 劳保用品的种类

7.4.1.1 服装

一般来说用于劳动保护的服装是指图7-8所示的东西。图7-9所示为穿戴齐全劳动保护服装。

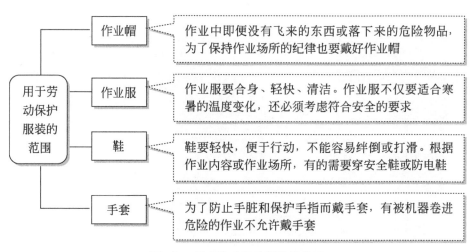

图7-8 用于劳动保护服装的范围

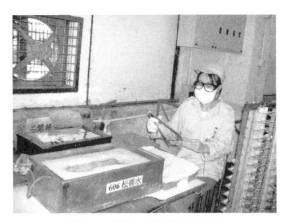

图7-9　穿戴齐全劳动保护服装

7.4.1.2　保护用具

（1）保护用具的种类。安全帽、保护眼镜、防噪声保护塞、安全鞋、安全带、防尘和防毒面具、绝缘保护用具。

（2）保护用具的使用要求。穿用保护用具，一般应该注意的事项如下。

① 站在作业者的立场，选用适合作业的保护用具。

② 定额标准要够用。

③ 指定保护用具的管理者。

④ 规定管理（修理、检查）的方法。

⑤ 教会使用方法。

⑥ 指导他们必要的保护用具一定要用。

保护用具的使用如图7-10所示。

图7-10　保护用具的使用

在选择个人防护用品时，不仅要注意防护效果，还应考虑是否符合生理要求，便于利用。在使用时还需加强管理和检查维护，才能达到应有的防护效果。

7.4.2 劳动保护用具的严格管理

作为管理者，一定要对本工厂、本车间在哪些条件下使用何种劳保用品做充分的调查，对各种劳保用品的用途也要有了解，为员工配备相应的劳动保护用具，同时，制定严格执行的规定。

以下提供某公司劳保用品发放和使用管理的规定，供学习。

【范本41】劳保用品发放和使用管理规定 ▶▶▶

劳保用品发放和使用管理规定

一、目的/范围

为规范劳保用品的发放和使用工作，确保劳保用品能真正地起到保护作用，并能减少浪费，特制定本规定。

二、适用范围

适用于本公司生产部门劳保用品的发放与领用。

三、总要求

（1）劳保用品是公司提供给员工在有危险性场所工作时使用的。这个制度规定，公司的每一位员工都有相应的日常劳保用品，并有一定的库存，以确保及时更换。

（2）非日常工作所需的特殊劳保用品也必须具备。

（3）公司有义务培训公司的各位员工能熟练掌握劳保用品的相关技术。

（4）一些低值易耗的东西要确保充足，一些可长久使用的要确保有一定的库存。所有个人的用品必须注名以标示。

四、管理规定

1.穿戴劳保用品的强制执行措施

（1）在特定的区域穿戴劳保用品以完成特定的任务，必须强制执行。任何有违反规定者将受到纪律处分。

（2）如果用一些劳保用品来做一些不合法的或违反劳保用品本身用途的行为，同样要受到纪律处罚。

2.劳保用品的申领

根据不同的工作性质使用不同的劳保用品。"劳保用品申请单"由工人填写,上交给生产主管。如前所述,所有劳保用品都必须经所有者确认并签上名字。劳保用品因损坏或过期等需要更换的,员工应去生产主管处填写"更换申请表"。

3.不同人员的劳保用品数量及更换时间要求

(1)生产操作工的劳保用品见下表。

生产操作工的劳保用品

劳保用品名称	数量	更换
连体工作服/夹克/裤子	3	根据需要
衬衫	3	根据需要
安全帽	1	至少每三年
安全鞋	1	至少每两年
眼镜	1	根据需要
护目镜	1	根据需要
雨衣	1	根据需要
防毒面具	1	根据使用期限
护耳器	1	根据设备要求

(2)维修工人的劳保用品见下表。

维修工人的劳保用品

劳保用品名称	数量	更换
连体工作服	2	根据需要
夹克/裤子/衬衫	1	根据需要
安全帽	1	至少每三年
安全鞋	1	至少每两年
眼镜	1	根据需要
护目镜	1	根据需要
雨衣	1	根据需要
防毒面具	1	根据工作需要
护耳器	1	根据设备要求

(3) 实验室人员的劳保用品见下表。

实验室人员的劳保用品

劳保用品名称	数量	更换
实验服	2	根据需要
袖套	2	根据需要
安全帽	1	至少每三年
安全鞋	1	至少每年
眼镜	1	根据需要
雨衣	1	根据需要
半面罩	1	根据工作需要

在生产区和实验区，低值易耗品，如手套、防尘口罩、耳塞等都要充分准备。

4.使用劳保用品的特定区域

下表反映的是不同区域所要求佩戴的劳保用品。

不同区域须佩戴的劳保用品

区域 \ 劳保用品	安全帽	安全鞋	安全眼镜	安全护目镜	连体工作服	实验服	耳塞	防毒面具/防尘口罩
车间	√	√	√	特殊工作	√	×	特殊工作	特殊工作
走在办公楼与工厂之间	√	*	√	×	×	×	×	×
实验室	×	×	√	特殊工作	×	√	特殊工作	特殊工作
模具车间	×	×	√	×	×	×	√	√
控制室/办公室	×	×	×	×	×	×	×	×

说明：

（1）√指被推荐要求的；×指不要求的；*指不要求但是被推荐的。

（2）参观者同样要求佩戴相应的劳保用品。如焊工帽、安全眼镜、防护服等在特殊的场合同样需要。

5.公司各类个人劳保用品描述及用途

（1）连体外套。连体外套是指从颈部以下到腕和膝盖都能保护到的。通常的锅炉工的服装是棉质的。这样的外套只有在操作原料时以免弄脏的作用，但不防酸、碱的腐蚀。当有特殊要求时，就得用PPE材料的工作服。

（2）实验服。实验室人员必须穿棉质的实验服，实验服要过大腿。如同连体外套，实验服只能作普通防沾染用，不可防酸碱。

（3）袖套。袖套戴在实验服外，可防化学品的喷溅。

（4）雨衣。实验室的人员和生产车间的人员都要有雨衣，雨衣是提供给大家雨天使用的，有必要时，现场操作也可用它。

（5）鞋类。进入生产区的人员和实验室人员都要穿钢头的安全鞋。一些特殊的工作场所还要穿靴子。所有人都要求穿包住脚面的鞋子。

（6）头部保护。头部保护物通常是头盔。标准的头盔是塑料的外壳，内有一节网罩。头盔能很好地保护物体的撞击。××公司每三年换一次头盔。旧的头盔要销毁。

（7）耳朵保护。耳朵的保护通常有两种方式，一种是耳塞，另一种是耳罩。戴耳罩时要确保能戴好安全帽。防耳器能很好地保护耳朵防止外界的声音干扰，同时又能听到一定范围内的声音。

（8）眼睛/脸的保护。根据不同的危险等级可以采用不同的保护方法。

① 安全眼镜。安全眼镜对一些低危险的化学品喷溅有防护作用。根据使用者的需要，安全眼镜可以是有透镜作用的。在处理固体原料、切割或割锯时，戴安全眼镜的作用是很小的。

② 护目镜。护目镜能全面地遮住眼睛，避免任何物质进入眼睛。也就是说，好的护目镜戴上后，是不可能有杂物进入眼睛的。在操作化学品或割/锯设备时，护目镜能有效地防止化学品进入眼睛或对眼睛有冲击。所以必须按规定佩戴护目镜。护目镜能够很好地保护眼睛。如果再加一个面罩，就可以对脸部和眼睛有一个很好的保护作用。

③ 面罩。有些工作要求不光戴护目镜，还要戴面罩。一个好的面罩可以很轻松地安装在安全帽上。尽管飞溅的液体可以从侧面进入眼睛，但面罩可以很好地保护脸部。当有飞溅物溅到脸上时，人的本能反应就是转开脸，就可能有东西会进入眼睛。当在操作一些固体物质时，戴面罩足够了，但在切割/锯时，面罩还是不行。

（9）呼吸保护。

① 可重复利用的粉尘和化学品口罩。半面罩或全面罩，更换活性炭盒之后能长期使用。面罩的基体通常是橡胶、氯丁橡胶、硅胶，有两个或单个活性炭盒。半面罩能遮住眼睛和鼻子，而全面罩还能遮眼睛（两种面罩都有效

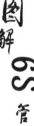

地防护粉尘和蒸汽的冲击）。活性炭盒是可以任意更换且有明确的使用期。它能够有效地防止粉尘、酸、碱或酸碱化合物的侵蚀。

② 一次性口罩。当工作场所有粉尘，但无毒时，可用一次性口罩。如尿素、三聚氰胺、沙尘、锯末、切割的溅渣等。

（10）手的保护。手套之类的保护用品，是为了工作时手不被损伤，同时具有卫生作用。

有两种材料的手套可用在工作现场，橡胶或PVC的，它们都能有效地防止水和化学品的侵蚀，同时又能很方便地洗去手套上的化学品。这些手套有耐摩擦性，但不可长期使用。过多的机械摩擦对手套的耐用性必定会有影响的。经常沾染到化学品的环境，皮革手套就不理想。

因为手套有污染，不可随便放在口袋里。很多手套是可洗的。所有的原料都是溶于水的，胶在没干之前也可清除掉（例如在变干、变硬前）。

① PVC手套。PVC手套对现场的所有化学品都有用（包括浓酸、碱）。手套的内层要有一层棉布，那样戴起来会比较舒服。当手套沾有浓酸或浓碱时要及时洗掉。这样的手套在很多工作场所都可以使用，并且是可洗的耐摩擦的。

② 橡胶手套。当工作需要保护手臂时，要戴橡胶手套。这种手套可防化学品，且沾有化学品之后还可洗。但它的保护性能要比PVC的差。

③ 皮革手套。在工程工作过程中有可能沾染液体或少量化学品时要戴皮革手套。这些手套很适合在操作设备或热工作如切、割、焊等时使用。只有工程人员或工程助理有必要戴皮革手套。

6. 特殊的PPE

一些特殊的工种需要特别的PPE。

（1）甲醛车间取样。全面罩、手套。

（2）制胶车间取样。护目镜、手套。

（3）维修。特殊工种特殊的PPE。

（4）散装三聚氰胺/尿素。防尘面罩。

（5）操作酸/碱时。防化服、手套（手部皮肤不可露在外面）、全面罩。

7. 特殊工种的PPE

如下特殊的工种必须配有特别的PPE：沾有高危险化学品的容器入口，处理高浓度酸/碱或处理高腐蚀性的原料或是高毒性的原料。

（1）防化服。防化服的表里层材料都是防化学沾染的。操作高浓度的酸/碱时必须穿防化服。执行高危险的工作时（如维修危险原料的设备和管线）必须穿防化服。防化服不是一次性的，用后必须及时清洁，以便以后使用。

（2）防毒面具。在危险的空气条件下工作，必须戴防毒面具。列举如下。

① 进入有毒的容器内或低氧的容器内或执行紧急任务（如关阀或停泵）时，救火（用消防管）及急救。

② 在有毒且低电位的场所工作，要佩戴特殊的防毒面具。所有员工都要参加紧急跑离的培训。然而只有一部分人需要培训使用防毒面具（消防、急救、工厂紧急关闭）。

任何人使用防毒面具前都要进行培训。

7.5 确保机械设备的安全

7.5.1 机械、设备的安全化

工作就是人和物的结合，如果由于人的马虎或判断错误，就得想法让物来弥补这个缺陷。比如，作业者的行为不安全时，机械设备可以防止。机械设备上的危险部位，要安装一种保护用的回转体，遇到异常，比如，身体一接触，机器就停止转动。

7.5.2 从根本上解决安全化

（1）表面上的安全性。机械设备安全的基本条件是消除表面上的危险性。

（2）强度上的安全性。考虑使用上的各种过分情况，在设计和制造上需要考虑保险系数。

（3）功能上的安全性。要像"防止错误装置"或"安全装置"那样，即使操作错误或动作错误，也不至于发生大的事故或灾害，而能经常转危为安。

（4）操作性。机械设备必须是作业者能够安全容易地操作。

（5）维护性。机械设备必须定期拆卸维修、检查和注油，在结构上必须具备这些作业安全和方便的条件。

7.5.3 安全装置

（1）要考虑安全装置的充分有效性。

（2）安装可靠的安全装置。

（3）保持安全装置的有效性。

7.5.4 机械设备安全化的要点（防止五种恶性灾害事故）

（1）机械设备的安全化。安装或设置罩或盖（如图7-11所示）、围子、动力隔断装置和安全装置，安全栅栏（如图7-12所示）等。

（2）电气设备的安全化。

（3）为防止爆炸和火灾的设备安全化。

（4）为防止发生坠落灾害的设备安全化。

（5）为防止崩溃灾害发生的设备安全化。

图7-11 加装防护罩

图7-12 加装防护栏

7.6 保证作业环境的安全

7.6.1 创造舒适的作业环境

（1）经常换气。

（2）确保通道安全。

（3）整备修好地面。

（4）彻底整理整顿。

（5）适当改进照明条件。

（6）改进温度条件。

7.6.2　安全彩色和标志

（1）使作业环境舒适。

（2）减少眼睛疲劳。

（3）增强注意力。

（4）标示危险。如图7-13所示。

（5）使整理整顿容易做。

图7-13　标示危险

7.6.3　工作场所的明亮度

注意以下各项，确定明亮度。

（1）根据作业要求确定适当的照度。

（2）一般作业灯光晃眼。

（3）光源不动摇。

（4）作业表面和作业面的明亮度不要有很大的差别。

（5）光亮的颜色要适合作业的性质。

7.7　消防安全

7.7.1　配备基本的消防设施

工厂配备的基本的消防设施有许多种，如表7-8所示。

表7-8 基本的消防设施名称及图示

设施名称	图示
室内消火栓	 
室外消火栓（消防车紧急供水，任何人不得私自动用）	 
灭火器（手提式、推车式、悬挂式）	 
防毒面具、应急电筒（应急使用）	 

续表

设施名称	图示
安全出口指示灯	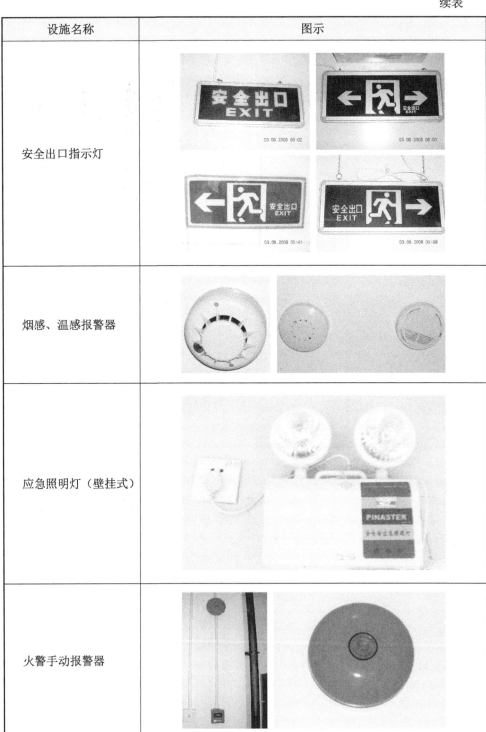
烟感、温感报警器	
应急照明灯（壁挂式）	
火警手动报警器	

续表

设施名称	图示
事故广播	
提示禁止标志	
消防服、隔热服	

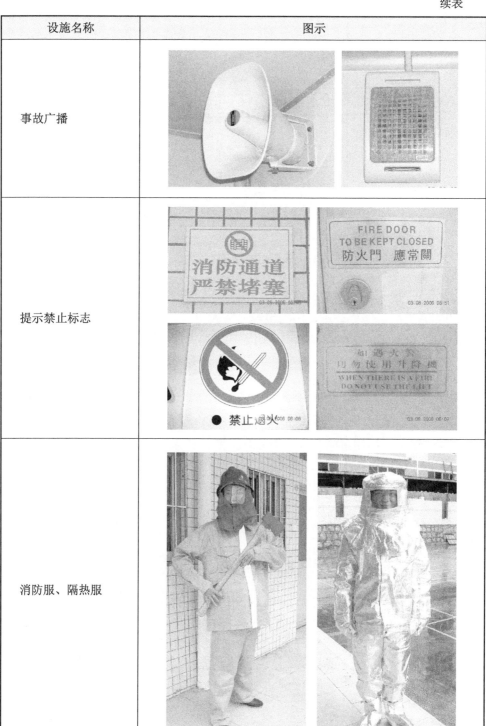

续表

设施名称	图示
消防宣传栏	

7.7.2 对消防器材进行定位与标志

消防栓、灭火器等平常备而不用，但万一需要用时，又往往分秒必争。由于企业用到它们的机会比较小，因而很容易让人忽视它们。所以应对这些消防器材善加管理，以备不时之需，具体可采用以下目视方法。

7.7.2.1 定位

灭火器等消防器材，找一个固定的放置场所，当意外发生时，可以立刻找到灭火器。另外，假设现场的灭火器是悬挂于墙壁上，当灭火器的重量超过18千克时，灭火器与地面的距离应低于1米；若重量在18千克以下则其高度不得超过1.5米。如图7-14所示。

图7-14 灭火器定位

7.7.2.2 标志

工厂内的消防器材,常被其他物品遮住,这势必延误取用的时机,所以,要严格规定,消防设备前面或下面禁止放置任何物品。

7.7.2.3 禁区

消防器材前面一定要保持畅通,才不会造成取用时的阻碍。所以,为了避免其他物品的占用,在这些消防器材前面,一定要规划出安全区,而且画上"老虎线",提醒大家共同来遵守安全规则。如图7-15所示消防器材整顿前后对比。

图7-15　消防器材整顿前后对比

7.7.2.4 放大的操作说明

通常是在非常紧急的时刻才会用到消防器材;这时,人难免会慌乱,而在慌乱的情况之下,恐怕连如何使用这些消防器材都给忘了。所以,最好是在放置这些消防器材的墙壁上,贴上一张放大的简易操作步骤说明图,让所有人来参考使用。如图7-16所示。

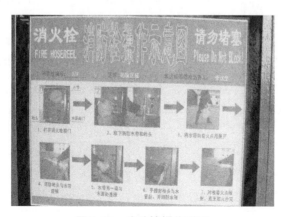

图7-16　消防栓操作说明

7.7.2.5　明示换药日期

注意灭火器内的药剂有效期限是否逾期，而且，一定要按时更新，以确保灭火器的可用性。把该灭火器的下一次换药期，明确地标示在灭火器上，让所有人共同来注意安全。

7.7.3　定期组织员工进行消防培训和消防演习

平时要强化员工的消防安全知识，同时为提高火灾防控能力和突发事件应急救援能力，可定期组织员工进行应急疏散演练及消防安全知识培训。消防安全培训与演练的内容与要求如表7-9所示。

表7-9　消防安全培训与演练的内容与要求

内容	要求
三级教育	（消防）厂级教育、车间级教育、班组级教育
四懂	懂岗位火灾危险性、懂岗位预防火灾措施、懂岗位灭火方法、懂火灾报警方法
三会	第一会：会报警，电话报警（119），手动报警（按钮报警、击破报警），自动报警（烟感报警、温感报警）。使用电话报警要沉着、冷静，不要恐慌，要讲清楚火灾地点、火情火势，以便及时救护；在报警的同时要利用消防器材进行灭火 第二会：会扑灭初起火灾及会使用灭火器 第三会：会逃生和组织他人逃生。当你被困在火场内生命受到威胁时，在等待消防员救助的时间里，如果你利用地形和身边的物体采取有效的自救措施，就可以让自己的命运由被动转为主动，为生命赢得更多生机。火场逃生不能寄望于急中生智，只有靠平时对消防常识的学习、掌握和储备，危难关头才能应付自如，从容逃离险境
四利用	利用建筑物本身的疏散设施；利用缓降器；利用自救绳；利用避难空间
五不要	不要乘坐电梯；不要向角落躲避或到死胡同；不要为穿戴衣服、寻找贵重物品而浪费时间；不要私自重返火场救人或取财物；不要轻易跳楼

7.8 配备急救药箱

急救箱最好不要有用到它的机会,但万一需要用到它的时候,不但要分秒必争,同时,最好是每个人都知道它放在哪里。

一般的急救箱上,均会有一个很明显的红十字,一般人都会知道它是干什么用的,有了这种明确的标示,万一需要用到它的时候,应该是很容易为大家所掌握的。但是如果有急救箱却没有药,等于没有!所以一定要备有常用药物,并且经常检查药的有效期,在万一需要用的时候就能发挥作用!如图7-17所示。

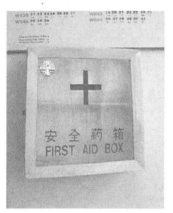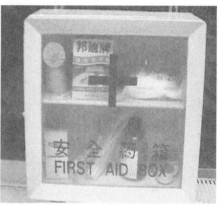

图7-17 急救药箱要备药

7.9 对危险源进行识别与控制

危险源是指一个系统中具有潜在能量和物质释放危险的、在一定的触发因素作用下可转化为事故的部位、区域、场所、空间、岗位、设备及位置。危险源是生产作业中潜在的不安全因素,如不对其进行防护或预防,有可能导致事故发生。

7.9.1 企业中存在危险源的业务活动及场所

辨识危险源应注意企业中存在危险源的业务活动和活动场所,这些业务活动和活动场所如图7-18所示。

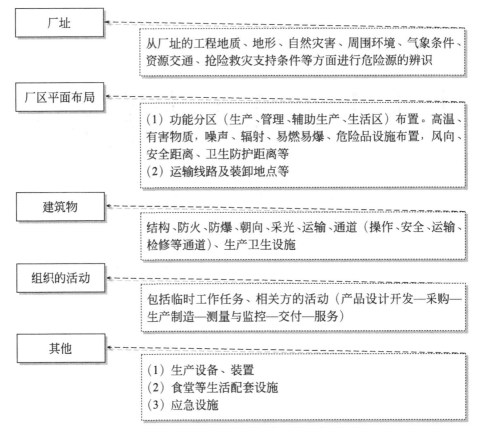

图 7-18　企业中存在危险源的业务活动及场所

7.9.2　危险源识别的对象

进行危险源识别时，除本厂人员外，尚须考虑进入本厂的外来人员（如，访客、供应商）的活动；除本厂内部所产生的危险源外，尚须考虑外界提供设施的活动（如供应商送货车辆可能导致的危险品泄漏）等。

7.9.3　危险源识别的方法

危险源识别可选用以下一种或多种方法。
（1）与工厂在某方面有经验的人交谈、询问，了解其工作中的危害。
（2）现场观察。
（3）查阅相关记录。如，事故报告、职业病记录，以此推断现有的危险源。
（4）获取外部信息。查阅文件、向同行及专家咨询。
表 7-10 提供了危险源调查表样式。

表7-10 危险源调查表

序号	活动点/工序/部位	危险源及其风险	人员暴露于危险环境的频繁程度	时态	状态	是否受授	是否守法	备注

调查人/日期：　　　　审核/日期：　　　　确认/日期：

7.9.4 危险源的评价

在调查的基础上按照危险源的评价标准要对安全隐患进行风险评价，如下面范本所示。

【范本42】某企业工业安全隐患风险评价表 ▶▶▶

某企业工业安全隐患风险评价表

序号	活动点/工序/部位	涉及部门	危险源及其风险	风险级别评价			是否重大风险	备注
				事故发生的可能性	事故后果的严重性	风险级别		
1	化工品仓库	仓库	火灾、爆炸	C	Ⅰ	3级	√	
2	点胶工装	装配车间	使用易燃品	C	Ⅰ	2级	×	甲苯
3	波峰焊炉	SMT车间	高温物体、产生铅烟、人身伤害、职业病	A	Ⅲ	2级	×	
4	焊机	SMT车间	产生铅烟、职业病	A	Ⅲ	1级	×	
5	叉车	装配车间仓库	车辆伤害	B	Ⅱ	3级	√	
6	……							

说明：(1) 事故后果的严重等级。Ⅰ严重伤害，出现多人伤亡；Ⅱ一般伤害，人员严重受伤，严重职业病；Ⅲ轻微伤害，人员轻微受伤，轻微职业病。

(2) 事故发生的可能性等级。A很可能；B极少；C不可能。

(3) 风险级别等级。5级极其危险，不能继续作业；4级高危险，要立即整改；3级显著危险，需要整改；2级一般危险，需要注意；1级稍有危险，可以接受。

7.9.5 危险源的控制

对危险源的控制有技术控制、人行为控制和管理控制三种方法，如图7-19所示。

技术控制
技术控制是指采用技术措施对危险源进行控制，主要技术有消除、控制、防护、隔离、监控、保留和转移等

人行为控制
人行为控制是指控制人为失误，减少人不正确行为对危险源的触发作用。人为失误的主要表现形式有：操作失误，指挥错误，不正确的判断或缺乏判断，粗心大意、厌烦、懒散、疲劳、紧张、疾病或生理缺陷，错误使用防护用品和防护装置等。人行为的控制首先是加强教育培训，做到人的安全化；其次应做到操作安全化

管理控制
对危险源实行管理控制，可以采取以下措施：
(1) 建立健全危险源管理的规章制度
(2) 明确责任、定期检查
(3) 建立健全危险源的安全档案和设置安全标志牌
(4) 严格要求作业人员贯彻执行有关危险源日常管理的规章制度

图7-19　危险源的控制方法

7.10 开展安全检查

7.10.1 建立完善的检查体系

企业应建立完善的检查体系,如图7-20所示。

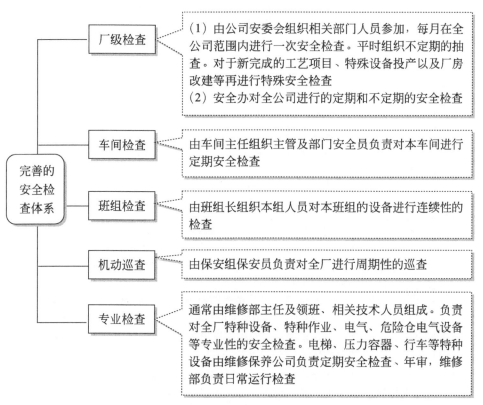

图7-20 完善的安全检查体系

7.10.2 检查频次

对于检查的频次也应该事先确定下来(如表7-11所示),以便工作能按部就班地进行。

表7-11 安全检查频次

序号	检查类别	频次
1	日常检查	日常检查是针对日常工作中的场所环境进行检查 （1）安委会每月组织各部门对全厂进行一次大检查 （2）安全办人员对全厂每天进行一次大检查 （3）车间每周对本车间进行一次大检查 （4）班组每天对本班组区域进行交接班前后与工作中的日常性检查
2	季节性检查	季节性检查是指根据季节特点，为保障安全生产所进行的检查 （1）在每年6月份雷雨季节来之前由维修部对全厂生产设备、建筑物进行一次全厂检查 （2）气象预报台风来之前由安全办组织相关人员对全厂进行一次大检查 （3）台风雷雨季节由维修部对防雷装置进行一次检测检查
3	节假日检查	这包括节假日前的安全生产综合检查，节假日放假前由安全办组织人员对全厂进行一次安全检查
4	机动检查	机动检查是指针对厂区范围的消防安全进行定期巡查 （1）公司机动检查组在工厂正常上班时间必须每1小时对全厂巡查一次 （2）工厂夜间下班锁门后及节假日放假期间，必须每4个小时巡查一次，并做好检查记录
5	专业性检查	这是指针对特种作业、特种设备、特殊场所进行的检查 （1）维修部每年2次对本厂的电气线路进行检查 （2）各部门每年一次对设备安全进行检查或由使用部门委托外部供货商进行检查 （3）维修部对公司内的特种设备（机动叉车、储气罐、电梯、行车等）按照检测周期请检测机构进行一次检测 （4）公司内的防雷装置由维修部每年至少向防雷检测所申请检测一次
6	不定期检查	不定期检查是指对在运行中的机械设备、消防安全设施、作业中的人员、动火施工作业等不定期进行全厂性的安全检查。该项检查一般由厂安全办负责，对全厂范围进行不定期检查

第8章 5S——清洁（SEIKETSU）的实施

8.1 对前4S进行检查
8.2 坚持实施5分钟6S活动
8.3 6S目视化
8.4 适时深入培训

图解6S管理全案——现场实战版

8.1 对前4S进行检查

清洁是通过检查前4S实施的彻底程度来判断其水平和程度的,一般需要制定相应的检查表来进行具体检查。

8.1.1 检查的标准与重点

清洁的标准包含有三个要素:干净、高效、安全。

在开始时,要对"清洁度"进行检查,制定出详细的检查表,以明确"清洁的状态"。检查的重点为:周围是否有不必要的东西;治工具是否可以立即使用;每天早上是否有做扫除工作;工作结束时是否做收拾整理工作。

8.1.1.1 整理、整顿检查重点

(1) 办公室整理整顿

——脏乱的卷宗是否仍在传用?

——办公桌上是否有许多不必要的文件、文具、杂物等?

——橱柜、抽屉的锁是否已生锈?

——样品柜内的样品是否已过期?

——办公桌上的文具、电话等是否定位?

——是否用颜色来管理档案?

——是否有制定档案的管理办法?

——是否有制定档案总档来统一管理?

——照片、底片、投影片、幻灯片等是否分别使用专用保管夹来保管?

——底片与照片的编号是否属同一系,并在照片的背后或旁边加注编号,以利找寻?

——档案夹上是否注明档案名称、保存年限等?

——是否定期整理各种书籍、资料?

(2) 车间的整理整顿检查重点。车间的整理整顿检查重点如表8-1所示。

表8-1 车间的整理整顿检查重点

项目	检查要点
工作现场	(1) 道路上有无画线 (2) 机器、搬运工具、物品、垃圾桶等放置之处有无画线标示 (3) 不可存放物品之处有无标示

续表

项目		检查要点
工作现场		（4）是否有不能用或长久不使用的设备、材料、半成品、容器等 （5）是否堆积了许多不良但又未处理的材料、半成品、成品等 （6）现场是否堆放有非现场之物，如小说等 （7）各式架、柜是否生锈、脱漆、损毁 （8）墙壁是否剥落、渗水 （9）门窗是否损坏、残缺 （10）电灯是否正常或缺少灯管 （11）是否设置吸烟区
半成品	量	（1）是否以每一个工作站或每一个操作人员为单元来设立标准的半成品量并且予以标示 （2）是否有用标准的容器来协助量的管制及计数 （3）是否有用颜色标高法来协助定位
	位置	（1）是否划定半成品放置区，让半成品不会四处扩散 （2）半成品放置区的设置，是否妨碍到正常的工作 （3）半成品是否有分类放置
	品质	（1）是否有用挡板、缓冲材料等来保护半成品，以防碰撞、剥落 （2）是否有防尘的措施 （3）半成品是否有避免直接接触到地面 （4）容器是否经常保持清洁 （5）处理半成品时，是否轻取轻放
库存品	不良品处理	（1）是否规划有明确的不良品放置区 （2）是否用红色来标示不良品放置区，以示醒目 （3）是否能一次就区分好不良品的分类，避免出现重做的浪费 （4）是否能定期、大胆地处理不良品
	搬运行为	（1）放置栈板、容器时，是否考虑到搬运的方便 （2）是否利用有轮子的容器 （3）搬运行为上是否考虑到搬运系数
手工具		（1）是否有努力消除使用手工具的机会 （2）是否利用槽沟、卡损、油压、磁性等来代替螺丝 （3）是否加大螺母的接触面，以便双手可以处理 （4）是否使用标准化的零件，以减少工具的种类 （5）是否有缩短工具存放的距离 （6）经常使用的手工具，是否随身携带或是放在工作台附近 （7）手工具存放的位置，是否不需行走、下蹲、垫脚等动作就能取用 （8）是否有替手工具找个固定的存放位置 （9）是否利用简便的符号、色别、影绘等，使手工具在用完即可迅速归位 （10）是否借用磁力使手工具的归位变得既简单又正确 （11）是否借用悬挂弹性的力量，让工具在使用后能立刻恢复到固定的位置

续表

项目	检查要点
切削工具	（1）是否做好切削工具的保管方法和保有数量的评估 （2）个人保管的工具是否以使用频繁为原则 （3）偶尔才使用的工具，是否以集中保管、共同使用为原则 （4）是否推行标准化，以减少切削工具的种类 （5）是否规定个人保管工具的交换办法，以杜绝浪费 （6）工具存放时，是否尽可能采用产品别组套方式或机能别存放方式来保管 （7）不良品及钝品的交换办法是否确立，以保证切削工具的品质 （8）是否有考虑到防止碰撞、摩擦事件的发生 （9）切削工具是否采用垂直的方式放入抽屉内 （10）是否用隔板来保护切削工具 （11）是否用波浪板来保护切削工具 （12）是否用网带来保护切削工具 （13）是否用支架来保护切削工具 （14）是否用木模来保护切削工具 （15）是否有考虑到防锈的问题 （16）在抽屉或容器里是否铺上含有油分的毛毯等来保护切削工具 （17）必要的部分是否漆上油漆来保护
测量仪器	（1）是否有防震的考虑 （2）是否未放到机台上面 （3）当仪器必须放到机器上时，在仪器的下面，是否先铺上一块橡胶垫，以减少震动的伤害 （4）是否定期校验，并以颜色来协助管理 （5）是否有防止碰伤、歪翘的措施 （6）测试棒、长直尺等是否垂直吊放，以防歪翘 （7）水平台不用时，是否加上罩子 （8）仪器、治工具不用时，是否归位，以防碰伤 （9）使用后是否归零 （10）是否熟悉使用方法 （11）存放时是否考虑到使用适当的容器，以防碰撞 （12）是否考虑到防止灰尘、污垢的侵蚀及生锈的可能 （13）不用时是否加上罩盖，以避开灰尘、污垢等的直接污染 （14）放置及使用的场所，是否避开多灰尘及多污垢的场所 （15）使用之前是否保持双手清洁 （16）保管中，是否先使用防锈油擦拭
模治具	（1）是否定位存放 （2）是否设置独立的存放区，以利管理 （3）模治具存放时，是否避免直接接触地面 （4）模治具架是否有防尘装置 （5）用完后，是否养成归位的习惯 （6）是否易取用

续表

项目	检查要点
模治具	（7）是否有可伸缩的料架臂 （8）是否有滚珠装置的料架 （9）是否有送模台车 （10）是否有合理的运作空间 （11）是否省时 （12）模治具的存放位置是否适当 （13）经常使用的东西，是否就放在附近 （14）拆换模具的工具及模子是否在换模前就备妥 （15）是否采用产品别组套方式来存放模治具 （16）经常用的模治具是否放在较易取拿的位置 （17）是否容易辨识 （18）料架是否有编号、标示 （19）模治具是否有编号、标示 （20）站在料架前，是否能很清楚地了解那些编号是什么 （21）模治具存放指示牌是否很明确 （22）工作指令上是否能明白地指出模治具的放置位置
仓库	（1）是否做好定位 （2）是否以分区、分架、分层来区分管理 （3）是否设立标示总看板，使有关人员能一目了然地掌握现况 （4）是否在料架或堆放区上，将物品的名称或代号标示出来，以利找寻及归位 （5）物品本身是否标示，以利辨识 （6）仓库是否做好门禁 （7）是否控制进出货的时间 （8）是否做好定量 （9）同样的物品，是否要求在包装方式及数量上一致 （10）是否用随货标签来协助约定、了解内容 （11）是否设立标准的量来取量 （12）是否做好定容器 （13）容器是否标准化 （14）容器的存放量有否规定
安全	（1）是否规划一个无危险的工作环境 （2）运输道路是否明确划分 （3）运输道路的宽度，是否考虑到搬运工具的方便性 （4）运输通道上是否保持畅通、平坦 （5）设备、物品是否定位 （6）天车的行进路径，是否避开工作机台 （7）高架上是否安装栅栏 （8）危险物品是否有明显的标示，并分开放置 （9）物品的堆放是否避免头重脚轻

续表

项目	检查要点
安全	（10）是否以颜色来区分管道，以利辨识与维护 （11）通风设备是否适当 （12）照明亮度是否合理 （13）易燃物品是否放置于阴凉处 （14）机器设备是否做好安全的考虑 （15）是否定期保养及更换零件 （16）机器四周是否保持整洁及无障碍 （17）机器运转的部位，是否加装安全护罩 （18）是否设立安全作业看板 （19）是否明确责任制 （20）是否加装必要的警示系统 （21）是否有正确操作方法的指导 （22）机器配件是否力求标准化

8.1.1.2 清扫检查重点

（1）地面清扫检核重点

——用手摸地面，是否手会脏（精密工厂）？

——地面是否有纸屑、烟蒂、残渣？

——机台底下是否堆积各式的残渣、铁屑？

——道路上是否有沙尘或零碎的杂物？

——机器是否有漏油之处？

——是否有防止微粒子、粉尘、削粉、糊状物等飞散的对策？

——吸引微粒子、粉尘、削粉飞散的管道，是否阻塞或泄漏？

——是否有应付渗透于地面的油渍的处理对策？

（2）机器清扫检核重点。机器清扫检核重点如表8-2所示。

表8-2 机器清扫检核重点

项目	检查要点
润滑系统	（1）加油口的四周、刻度表、计测器等是否肮脏 （2）油槽内的油品是否污浊 （3）油槽底部是否有异物 （4）油槽及配管接头处是否有漏油的现象 （5）配管是否已损坏或弯曲变形 （6）加油端是否污浊 （7）回槽油系统是否阻塞、污浊 （8）加油工具是否干净 （9）油料有无使用颜色管理

续表

项目	检查要点
油压系统	（1）加油口的四周、刻度表、计测器、空气通气装置等是否肮脏 （2）槽内的空隙、开口处是否有垃圾、尘埃存在 （3）油槽底部是否有异物 （4）过滤器是否肮脏 （5）邦浦是否有异常声音或异常热度 （6）配管接头处是否有漏油的现象 （7）油压汽缸等调节器是否有漏油的现象（尤其是测量杆部分）
空压系统	（1）空气过滤器是否污浊 （2）配管接头处是否漏气 （3）管制是否漏气 （4）螺线管是否有噪声 （5）速度控制的螺丝是否松动 （6）空气汽缸等的调节器是否漏气（尤其是测量杆部分） （7）空气汽缸等的取装螺丝是否松动 （8）排气消音器是否阻塞
配油盘、摺动部、回转部部位	（1）配油盘表面是否有凹凸、伤痕、生锈之处 （2）水平测定器的螺丝是否松动 （3）摺动部是否有尘埃、异常磨耗的现象 （4）摺动部去污接触是否有损伤或磨耗 （5）摺动盘里侧是否有切粉 （6）回转部是否有灰尘、凹凸、偏心、异常磨损等现象 （7）摺动部、回转部是否有螺丝松动的现象 （8）链条是否松动 （9）皮带、齿轮是否有松动、磨耗、损坏的现象

8.1.2 检查的实施

8.1.2.1 检查有哪些不要的东西（整理）

（1）不要物品的检查点。在3S之后，应在身边周围检查是否有不要的东西并做好相关记录，记录可运用表格8-3形式。

表8-3 整理检查表

部门：　　　　　　　　检查者：　　　　　　　日期：

序号	检查点	检查		对策（完成日期）
		是	否	
1	放置场所有无不要的东西			
2	信道上有否放置不使用的东西			

续表

序号	检查点	检查 是	检查 否	对策（完成日期）
3	有无不要的机械			
4	栏架上下有无不要的东西			
5	机械周围或下边有无不要的东西			
...				

（2）将废弃物品编制一览表并处理，处理的规则是：库存与设备是公司的资产，个人不能任意处分；编制废弃库存品、废弃设备一览表；一定要全数显示；与财务责任人协商后处理。不要库存品、不要设备、不要空间一览表参见4.7的内容。

8.1.2.2 检查物品的放置方法（整顿）

（1）明确物品放置方法的检查点。检查物品的放置方法，首先就得明确物品放置方法的检查点，并需列表以便做好检查记录。如表8-4所示。

表8-4 整顿检查表

部门：　　　　　　检查者：　　　　　　日期：

序号	检查点	检查 是	检查 否	对策（完成日期）
1	制品放置场所是否显得零乱			
2	装配品放置场是否做好三定（定位、定品、定量）			
3	零件、材料放置场是否做好三定（定位、定品、定量）			
4	画线是否已完成80%以上			
5	治工具存放是否以开放式来处理			
6	治工具是否显得零乱			
7	模具放置场是否可以一目了然			
...				

（2）列出整顿鉴定表，对自己的工作场所做再次检查，"否"的项目在30个以上时则再一次进行整理。

整顿鉴定表的主要项目应有：部门（填入对象部门或工程名）、检查者（填入检查者的姓名）、分类（将整顿的对象作分类）、着眼点（整顿对象的着眼点）、检查(检查者进行现场巡视的同时做检查,"是"——有做到,"否"——没做到,必须采取对策处理)、对策和改善的完成期限(针对检查中"否"的场合,想出对策或改善案,将其填入改善栏内)。如表8-5所示。

表8-5 整顿鉴定表

部门:　　　　　检查者:　　　　　日期:

分类	序号	检查点	检查		对策（完成日期）
			是	否	
库存品	1	置物场有无展示三定看板			
	2	是否一眼即能看出定量标示			
	3	物品放置方法是否呈水平、垂直、直角、平行			
	4	置物场有没有立体化的余地			
	5	是否能够"先进先出"			
	6	为防止物品间碰撞是否有缓冲材料或隔板			
	7	是否能防止灰尘进入			
	8	物品是否直式摆放在地面			
	9	不良品的保管是否有明确的定置场			
	10	有无不良品放置场的看板			
	11	不良品是否容易看见			
治工具	1	放置场所是否有揭示"三定"看板			
	2	治工具本身是否有贴上名称或代码			
	3	使用频率高的治工具是否放置在作业的近处			
	4	是否依产品类别整套方式来处理			
	5	是否依作业程序来决定放置方式			
	6	治工具在作业指导书中有无指定场所			
	7	治工具是否零乱,能否在当场就看得出来			
	8	治工具显得零乱是否当场即予整理			
	9	治工具能否依共通化而将其减少			
	10	治工具能否依替代手段而将其减少			
	11	是否有考虑归位的方便性			
	12	是否在使用场所的10厘米以内规定放置处			

续表

分类	序号	检查点	检查 是	检查 否	对策（完成日期）
治工具	13	是否放置在10步以外			
	14	是否放置方位恰当，不弯腰就可以拿到			
	15	能否吊起来			
	16	即使是不用眼睛看，是否也能大概地归位放好			
	17	目标尺寸范围是否很广			
	18	治工具使用中，能否交替更换			
	19	是否依外观整顿			
	20	能否依颜色别作整顿			
刀具	1	使用频率高的刀具是否放置在身边			
	2	使用频率低的刀具是否可以共同使用			
	3	能否作制品别组合方式处理			
	4	有无采取防止碰撞的对策			
	5	抽屉有无使用波浪板			
	6	抽屉是否采用纵方向整理收拾			
	7	研削砥石是堆积放置			
	8	有无采取刀具的防锈对策			
计量器具	1	放置场所是否有防止灰尘或污物的措施			
	2	计量器具放置场能否有"三定"处理			
	3	能否知道计量器具的有效使用期限			
	4	微米量尺是否放置在不震动处			
	5	有无下垫避震材料			
	6	方量规、螺丝量规有否防碰撞措施			
	7	测试塞、直角尺有无吊挂，以防止变形			
油品	1	是否有做油罐→给油具→注油口的色别整顿			
	2	是否做油品种类汇总			
	3	在油品放置处是否有"三定"看板			
安全	1	信道有无放置物品			
	2	板材等长形物是否直立放置			

续表

分类	序号	检查点	检查		对策（完成日期）
			是	否	
安全	3	易倒的物品有无设置支撑物			
	4	物品堆积是否容易倒塌			
	5	是否把物品堆积得很高			
	6	回转部分有没有用盖子盖上			
	7	危险地区是否有做栅栏			
	8	危险标示是否做得很清楚醒目			
	9	消防灭火器的标示是否从任一角度均可看见			
	10	消防灭火器的放置方式是否正确			
	11	防火水槽、消火栓的前面是否堆置物品			
	12	交叉路口有无暂停记号			
		合　　计			
		综合结论：			

8.1.2.3　消除灰尘、垃圾的检查点（清扫）

（1）清扫的检查点。在窗框用手指抹抹看，就大致可以知道工作场所的清扫程度，也可运用白手套检查法。检查表如表8-6所示。

表8-6　消除灰尘、垃圾检查表

部门：　　　　　　　检查者：　　　　　　　日期：

序号	检查点	检查		对策（完成日期）
		是	否	
1	制品仓库里的物品或棚架上是否沾有灰尘			
2	零件材料或棚架上是否沾有灰尘			
3	机器上是否沾满油污或灰尘			
4	机器的周围是否飞散着碎屑或油滴			
5	信道或地板是否清洁亮丽			
6	有否执行油漆作战			
7	工厂周围有否碎屑或铁片			
…				

（2）填写清扫检查表。清扫检查表的用途是将库存、设备、空间有关事项，在清扫时的检查要点加以整理的表格。其主要项目应有：部门（填入检查对象的部门或工程名）、检查者（填入执行检查者的姓名）、分类（清扫对象的类别）、检查要点（与清扫有关的检查要点）、检查（检查者一边作现场巡视一边进行检查，"是"——有做到，"否"——没做到，必须采取对策处理）、对策（检查中"否"的场合，要明确记载对策与完成期限）。如表8-7所示。

表8-7　清扫检查表

部门：　　　　　检查者：　　　　　日期：

分类	序号	检查点	检查 是	检查 否	对策（完成日期）
库存品	1	是否清除与制品或零件、材料有关的碎屑或灰尘			
	2	是否清除切削或洗净后的零件所产生的污锈			
	3	是否清除库存品保管棚架上的污物			
	4	是否清除半成品放置场的污物			
	5	是否清除库存品、半成品的移动用栈板上的污物			
设备	1	是否有清除机器设备周边的灰尘油污			
	2	是否清除机器设备下的水或油以及垃圾			
	3	是否清除机器设备上的灰尘、污垢、油污			
	4	是否清除机器设备侧面或控制板套盖上的油垢、手污			
	5	是否清除油量显示或压力表等玻璃上的污物			
	6	是否将所有的套盖打开，清除其中的污物或灰尘			
	7	是否清除附着于气压管、电线上的尘埃、垃圾			
	8	是否清除开关类的灰尘、油垢等			
	9	是否清除附着于灯管上的灰尘（使用软布）			
	10	是否清除段差面的油垢或灰尘（使用湿抹布）			
	11	是否清除附着于刀具、治具上的灰尘			

续表

分类	序号	检查点	检查		对策（完成日期）
			是	否	
设备	12	是否清除模具上的油垢			
	13	是否清除测定器上的灰尘			
空间	1	是否清除地板或信道上的沙、土、灰尘等			
	2	是否除去地板或信道上的积水或油污			
	3	是否清除墙壁窗户等的灰尘或污垢			
	4	是否清除窗户玻璃上的手污、灰尘			
	5	是否清除天花板或梁柱的灰尘、污垢			
	6	是否清除照明器具（灯泡、日光灯）的灰尘			
	7	是否清除照明器具盖罩上的灰尘			
	8	是否清除棚架或作业台等的灰尘			
	9	是否清除楼梯的油污、灰尘、垃圾			
	10	是否清除梁柱上、墙壁上、角落等的灰尘垃圾			
	11	是否清除建筑物周围的垃圾、空瓶			
	12	是否使用清洁剂将外墙的污脏加以清洗			
		合　　计			
		综合结论：			

8.1.3　不符合的改善

检查时如果发现不符点，一定要在所发现问题处贴红牌，责任人员应将不符点拍摄下来，提出改善建议，并进行跟踪，直到改善好。如表8-8所示。

表8-8　6S问题改善单

责任单位：　　　　　　　　　编号：

项目区分	□物料　□产品　□电气　□作业台 □机器　□地面　□墙壁　□门窗 □文件　□档案　□看板　□办公设备 □运输设备　□更衣室　□厕所

续表

红牌原因	问题现象描述	
	理 由	
	发行人	
	改善期限	
	改善责任人	
	处理方案	
	处理结果	
	效果确认	□可（关闭） □不可（重对策） 确认者：

【范本43】6S常见问题整改备忘表

6S常见问题整改备忘表

跟进日期： 　　　　跟进人：

序号	问题点及改善建议		责任人	计划完成日期	跟进情况
1	问题点：地上无指示方向箭头	改善建议： （1）需要在地上用绿色画地标指示方向 （2）参考样板			

续表

序号	问题点及改善建议		责任人	计划完成日期	跟进情况
2	问题点：仍无确定责任人及划定责任区，应再制作好标示	改善建议：做好防护的设备应再进行责任区及责任人的标示			
3	问题点：划分好的区域内仍存放有很多杂物	改善建议： （1）确定区域责任人，实行责任到人 （2）区分要与不要的物品，并将不要的物品移除 （3）将有用的物品进行合理的包装后整齐存放，并标示清楚			
4	问题点：未实行定位放置，设备及相关物品放置凌乱	改善建议：对设备实行定位整齐划一存放，并将配套胶筐等也实行定位放置，并画好定位线			

续表

序号	问题点及改善建议		责任人	计划完成日期	跟进情况
5	问题点：设备上的标示牌破损，状态不明确	改善建议：制作一个统一的标示牌子，以便每天监督			
6	问题点：设备有漏油，污染地面，影响美观	改善建议： （1）检查设备漏油的部位并全面修理好 （2）将这方面纳入设备日常保养要求内			
7	问题点：消防设施下面堆放有杂物	改善建议： （1）移除消防设施下面的杂物 （2）按要求在消防设施下方画警示线			

续表

序号	问题点及改善建议		责任人	计划完成日期	跟进情况
7					
8	问题点：电源控制箱上没有安全警告标志	改善建议：购置规范的安全警告标志，并在下方画警戒线			

注：跟进栏中符号填写，☆—已安排；◎—实施中；○—已完成。

8.2 坚持实施5分钟6S活动

每天工作结束之后，花5分钟对自己的工作范围进行整理、整顿、清扫活动，不论是生产现场还是行政办公室都要推进该活动。

8.2.1 生产现场5分钟/10分钟6S活动内容

生产现场5分钟/10分钟6S活动内容见表8-9。

表8-9 生产现场5分钟/10分钟6S活动内容

区分		活动内容
5分钟6S活动	1	检查你的着装状况和清洁度
	2	检查是否有物品掉在地上,将掉在地上的物品都捡起来,如零件、产品、废料及其他
	3	用抹布擦干净仪表、设备、机器的主要部位以及其他重要的地方
	4	擦干净溅落或渗漏的水、油或其他脏污
	5	重新放置那些放错位置的物品
	6	将标示牌、标签等擦干净,保持字迹清晰
	7	确保所有工具都放在应该放置的地方
	8	处理所有非必需品
10分钟6S活动	1	实施上述五分钟6S活动的所有内容
	2	用抹布擦干净关键的部件及机器上的其他位置
	3	固定可能脱落的标签
	4	清洁地面
	5	扔掉废料箱内的废料
	6	对个人工具柜进行整理或对文件资料、记录进行整理

8.2.2 办公室5分钟/10分钟6S活动内容

办公室5分钟/10分钟6S活动内容如表8-10所示。

表8-10 办公室5分钟/10分钟6S活动内容

区分		活动内容
5分钟6S活动	1	检查你的着装状况和清洁度
	2	检查是否有物品掉在地上,将掉在地上的物品都捡起来,如回形针、文件及其他
	3	整理和彻底清洁桌面
	4	检查存放文件的位置,将文件放回它们应该放置的位置
	5	扔掉不需要的物品,包括抽屉内的私人物品
	6	检查档案柜、书架及其他家具等,将放得不恰当的物品改正过来

续表

区分		活动内容
10分钟6S活动	1	实施上述五分钟6S活动的所有内容
	2	用抹布擦干净计算机、传真机及其他办公设备
	3	固定可能脱落的标签
	4	清洁地面
	5	扔掉垃圾篓内的垃圾
	6	检查电源开关、门窗、空调等是否已关上

8.3 6S目视化

8.3.1 透明化

在6S活动中，通常整理、整顿、清扫做得最差的地方，往往是看不到的场所，如藏在铁架或设备护盖背后的东西，此时，即可以利用目视管理，例如：取下护盖让它透明化，或在外部护盖上加装视窗，可以看到里面的电气控制盘。如图8-1所示。

图8-1 加上透明玻璃的柜子

8.3.2 状态的量化

装上各种量测仪器，将数量定量化，并用颜色标识管理界限，一旦有异常，便可立即了解。如图8-2、图8-3所示。

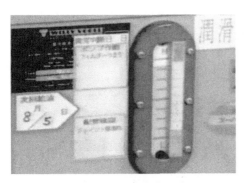
图 8-2 设备监制点、加油点及位置标明出来

图 8-3 各压力表用颜色区分

8.3.3 状态视觉化

如在电风扇上绑上布条，可以了解其送风状况，将配水管的一部分采用透明管道，并装上浮标，可以目视管理做好水流管理。如图8-4、图8-5所示。

图 8-4 空调上装上红带

图 8-5 透明的玻璃门加上有颜色的线条

8.4 适时深入培训

6S活动展开初期，作业人员接受的是大众化的培训内容，如果要和自己的工作对号入座的话，有时又不知道从何做起。这就要求培训人员（管理人员）深入到每一个工序，与作业人员交换意见，制定具体的6S项目。如图8-6、图8-7所示。

图8-6　本书作者胡新桥老师对华工科技员工集中培训

图8-7　本书作者胡新桥老师深入到学员中进行指导

第9章 6S——素养（SHITSUKE）的实施

图解 6S 管理全案——现场实战版

- 9.1 继续推动前5S活动
- 9.2 制定相关的规章制度并严格执行
- 9.3 制定员工素养活动手册
- 9.4 加强员工教育培训
- 9.5 开展各种提升的活动

素养的推行，主要通过继续推进前5S、制定章程制度、开展各种提升活动来实现。

9.1 继续推动前5S活动

前5S是基本动作，也是手段，主要借这些基本动作或手段来使员工在无形中养成一种保持整洁的习惯。通过前5S的持续实践，可以使员工实际体验"整洁"的作业场所，从而养成爱整洁的习惯。如果前5S没有落实，则第6个S（素养）就没有办法达成。

9.2 制定相关的规章制度并严格执行

企业制定的各种规章制度，包括操作规范、用语、行为、礼仪和着装等员工守则，都是员工的行为准则，应达成全员共识，形成企业文化的基础，帮助员工提升素养。对于仪容、仪表甚至可以用图表的形式展示出来，如图9-1所示。

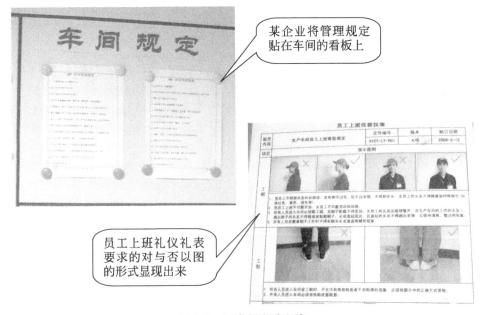

图9-1　规章制度贴上墙

规章制度只要一经制定,任何人都必须严格遵守,否则就失去意义了。当一个破坏规则的人出现以后,如果没有给他处罚,连续的破坏规则的现象就会出现。

9.3 制定员工素养活动手册

要使员工养成素养,则必须使员工知道素养的要求,因为素养体现在每个细节中,所以,应当制定素养活动手册,加强培训,以期在日常生活中熏陶和改变每一位员工。

以下提供某企业员工素养活动手册供参考。

【范本44】员工素养活动手册 ▶▶▶

员工素养活动手册

口号:我的素养,××的形象。

序言

公司是一个集体,大家共同工作,共同努力,都希望每天上班处在舒畅、温馨、和谐的工作环境里。因此人际关系非常重要,为了保持良好的人际关系,请谨记以下事项:

☆遵守公司规章制度;

☆对待工作认真负责,严细慎实;

☆注意在语言和态度上不伤害他人;

☆坦诚倾听他人意见,态度诚恳;

☆注意体谅他人的难处;

☆注意日常礼貌、问候;

对他人多用感谢、赞赏的语言。

一、员工素养活动的目的

(1)促使人人有礼节、懂礼貌、守规范,进而形成优良风气,创造和睦的团队精神。

(2)发动公司所有单位和部门全面展开6S素养活动,人人积极投入参与,使之成为公司全员日常活动。

(3)让同事和客人有舒适感、亲切感、方便感、安全感。

二、员工素养活动的有关定义

(1)礼节——是对他人态度的外表和行为规则,是礼貌在语言、行为、仪态方面的具体规定。

（2）礼貌——是人们之间相互表示尊重和友好行为的总称。它的第一要素就是尊敬之心。

（3）仪表——是人的外表，包括容貌、姿态、个人卫生和服饰，是人的精神状态的外在表现。

（4）仪态——是指人们在交际活动、日常工作和生活中的举止所表现出来的姿态和风度。

（5）表情——是人的面部动态所流露的情感。在给别人的印象中，表情非常重要。

三、员工素养活动的适用范围

全公司的所有干部和员工。

四、员工素养活动的教育内容

（一）工作中的职业素养

按照公司各单位《职业规范》的内容，认真履行工作中与仪容、班前班后、人事管理、生产运转、质量、工艺设定有关的规范要求。通过每个人的努力，让工作过程更加顺畅，工作配合更加协调。

1.生产现场的日常素养

生产现场的日常素养每天、每周及不定期的内容如下表所示。

生产现场的日常素养内容

频率	素养活动内容
每天	• 正确穿着工作服，保持整洁 • 工具/物品随手归位，摆放整齐，不压线 • 物料/产品轻拿轻放，有序整齐，防止混放 • 不随地放杂物、扔垃圾或烟头，经常清扫地面 • 不能确定位置的物品放到暂放区，或作暂放标识 • 爱护公共物品，避免在墙壁、设备设施上留下刮痕和污迹 • 按要求进行日常点检，及时报告异常现象 • 遵守安全操作规程，无不安全行为 • 保持台面、桌面干净无尘，每日擦拭用过的工具/附件，去油污 • 下班前整理好台（桌）面物品并归位，关好门窗/水电气/设备，个人保管物品归位
每周	• 进行一次工具柜整理，清理不要物 • 全面整理工作区，对暂放物进行处置 • 清点现场堆积的物料，只保留必要的量，及时退库 • 更新破损/脱落/卷角/模糊/过期的标识 • 清洁窗户、柜顶、货架等不常触及的部位 • 清洁周转用的托盘、容器和推车

续表

频率	素养活动内容
不定期	• 添置工作任务相关的工装器具 • 提出改进工作效率、质量和安全的装置设施 • 及时更新信息栏内容,去掉过时和多余张贴物 • 根据工作任务调整工具物品的定位和标识 • 经常使用礼貌用语,待人有礼有节

2.办公室的日常素养

办公室的日常素养每天、每周及不定期的内容如下表所示。

办公室的日常素养内容

频率	素养活动内容
每天	• 正确穿着工作服,保持整洁 • 桌面物品随手归位,并按基准线摆放整齐 • 文件处理后及时归档,处理中的文书叠放整齐 • 经常清扫地面,不随地掉纸屑和扔烟头 • 清洁用具摆放整齐,及时倒垃圾,并保持垃圾桶(篓)本身的清洁 • 擦拭台面、桌面、文件柜、窗台、电源插座和照明开关,保持清洁 • 及时清理电脑台、传真桌和茶几上临时摆放的文件、纸张和物品 • 及时清理茶几上的一次性水杯和其他物品 • 接打电话使用电话礼貌用语 • 下班前整理好桌面物品和资料,关窗锁门断电停水,个人桌面清理干净
每周	• 进行一次文件柜和个人物品柜、抽屉整理,清理不要物 • 对办公室暂放物进行处置,办公桌椅对整齐 • 将待处理文件和临时性的参考资料处理或废弃 • 更新破损/脱落/卷角/模糊/过期的标识 • 清洁窗户、墙角、物品架等不常触及的部位 • 对电脑文件夹和文档进行整理,删除"垃圾"文件
不定期	• 整理新产生的文件资料 • 提出改进工作效率和质量的方法 • 及时更新信息栏的内容,去掉过期和多余张贴物 • 根据工作任务调整文件/物品的定位与标识 • 经常使用礼貌用语,待人诚恳

3.职业素养要求

(1)不在工作时间干私活或利用公司财物干私活(玩游戏、音乐、复印私人资料等)。

(2)不泄露、打听或谈论他人薪资。

（3）保守公司的商业机密，不偷看、泄露公司机密；不私带外来人员参观生产厂区、拍照。

（4）未经公司同意，不从事与公司相同或相似的业务活动，或为公司的竞争对手效力。

（5）不发表虚假或诽谤性言论，从而影响公司或其他员工声誉。

（6）不滥用职权、损公肥私、贪污、挪用公司财产，索取或接受任何贿赂。

（7）不从事任何违法违纪活动。

（二）车间作业规范的具体要求

1.仪表仪容

（1）着装。从安全、质量、形象等角度出发，在工作时要求着装应遵守以下规定。

——员工卡要挂在胸前（或佩戴在左胸前）。

——负责人标志明确。

——工作服以扣上五个扣子为准，由上数第一个扣子随意。

——袖口要扣上，卷起时为了防止挂上物品或设备，规定袖口要卷起两卷以上，以防袖口松开。

——为了防止笔（圆珠笔等）掉入机器内，相关工程操作人员必须佩戴笔链。

——必须在指定范围内穿着工作鞋（特定区域必须穿着指定的工作鞋），穿工作鞋必须穿袜子。

（2）仪容。为了有效维护公司的安全及风纪秩序，请遵守以下各项规定。

——为了防止操作中指甲折断、脱落，请将指甲剪齐，并保持清洁干净（工作有必要留指甲的员工必须得到班长以上人员批准方可蓄留）。

——上班在工位操作时不许佩戴任何可能造成产品不良（如划伤）的饰物。

——头发齐肩要戴好工作帽。

2.上班前

（1）私人物品的管理。为防止私人物品混入产品中，不允许在操作工区（工位）内放置私人物品，应将其放入私人物品柜或抽屉中。

（2）出勤时间的管理。为保证生产能准时开始，应提前进入自己的工作岗位，留有充分的准备时间。上班前，在工作现场入口处进行出勤记录（打卡机或出勤牌等）。

（3）出勤、缺勤的管理。出勤、缺勤的管理，以自我管理为准，进入工厂时要打卡记录（严禁叫他人替代或替他人打卡）。

（4）请假。

——员工因事请假须事先呈交请假申请单，1日以内经部门主管同意后方可执行，超过1日须经厂长审批。

——当天请假时，由于要事先对生产工作进行调整，因此必须在上午开工前请示批准后，方可休息。

——特殊情况，时间不超过4小时的（以不违反现有规定为原则），也可由同事代请假或电话通知，事后上班要补填请假申请单并加以说明（必要时应出示相应的证明文件和疾病证明书等）。

（5）工作前的检查。把自己要使用的夹具、工具及辅料放在自己的工位上并检查是否完好、足够，为晨会后生产的运转做好准备。

3.工作中

（1）工作前的状态。为了不致因为操作延迟而影响他人工作，在上班前要回到自己的工位上。

（2）操作的基本要领。为连续稳定地生产优质产品，必须按作业规范操作。

（3）禁止做规定以外的操作。为防止不良现象的发生，禁止进行规范以外的操作。

（4）遵守工作指示系统。为避免错误操作，原则上不接受除自己上级以外的任何指示（当有可能发生造成设备损坏或危及生命安全时例外）。

（5）拾起落下物件的义务。为防止操作失误，部件欠缺、散落或损坏，当工作中落下螺钉、垫圈、部件等必须拾起。对装配作业，无法拾起或找不到时，应马上与上级联络。

（6）报告异常情况的义务。为及早发现不良情况，如果在操作过程中对部件、操作、设备等感到"奇怪"时，应马上向上级报告。

——部件的形状、颜色、长度、直径、触感、位置、气味、质地、厚薄等"感觉奇怪"时。

——操作过程混乱、无法完成，部件安装后易脱落或太紧等。

——设备、工具怪异等。

（7）有事时进行申请。在身体不舒适、受伤时，请及时提出。

（8）零部件的使用。使用零部件时，请注意勿使部件弯曲、脏污或使自己受伤。

（9）禁止把零部件直接放在地上。为避免产品、部件或放置部件的容器中落入灰尘、脏污或受潮，不要把其直接放置于地面上，应放在托盘或转运架上（特殊工件除外）。

（10）禁止垂直放置。为防止转运架倒下伤人，禁止垂直放置转运架。

（11）产品的移动。为防止扭伤，可以由多人换抬重物及零部件，建议使用推车。

（12）操作保护用具的使用。一定要使用操作安全规则上所规定的保护用具，保护用具有以下几种。

——防止气体或飞沫吸入：面具、口罩。

——遮光、防止飞沫附着：眼镜。

——防止直接接触：手套。

——防止电感应：绝缘垫、绝缘手套。

——噪声的防护：耳罩。

——预防高处跌落：安全带。

——预防砸伤：安全帽。

（13）通电试验

——在耐压、地线导通试验中，因有感应电流，危险性很大，故绝对禁止触摸产品；对企图触摸产品的人，应大声提醒其注意。

——有带电产品的工序以及要采用高压的工序一定要使用绝缘垫。

——由于导电垫、导电腕套等有感应电流的危险，禁止在有带电产品的工序以及采用高压的工序中使用。

——在高压工作区要挂设警示标志。

（14）静电保护。为保护静电敏感器件不受人体所带静电的影响，在指定的工位里一定要使用防静电用品（如：腕套、鞋、垫片、手套、指套等）。

（15）库存物品的管理。不要允许外部人员擅自取用库存物品，需用者必须填写领料单。

（16）生产停顿时。因某种原因使生产空闲或停止时，不要离开自己的工位，可以把自己周围整理一下，检查一下组装好的机械等，上级有指示时要依指示行动。

（17）为保证工作的高效率和产品的高品质，工作中不得擅离职守到他人工位谈论与工作无关的事宜，确属工作问题请与上级联络。

（18）超时工作。是为保证生产计划的完成采用的非常措施，员工应配合工作安排。确有原因或身体不适不能参加者，须向上级说明（出示必要的证明），获准后方可不参加超时工作。

（19）口香糖、糖果、零食在作业中禁止进食。

4.休息时间

（1）休息场所。使用休息场所应遵守以下各项规定。

——吸烟：严禁在工作区内吸烟，要到规定场所。

——饮食：保持开水供应区的清洁，剩水要倒入桶内。

——在休息区休息时，不得采用不雅或影响他人的姿势，休息后休息用椅须放回原位置，保持休息区的清洁整齐。

——休息时不许大声喧哗,影响他人。

(2)洗手间。使用共用场所的洗手间时应遵守以下各项规定。

——厕所内:不许乱涂乱画;不许乱扔烟头;保持清洁,便后冲水,用后的纸应放入纸篓中。

——有机溶剂等药品会引起环境污染,造成公害。所以甲苯、酒精、香蕉水、螺丝制动蜡、油漆等药品,绝对不能流入厕所、洗手池中。

——不许向厕所内乱倒杂物,防止堵塞。

(3)安全。去餐厅、公共场所时,不要奔跑,以免在拐弯等不能直望过去的地方发生碰撞。在餐厅和公共场所内严格遵守公共秩序。

5.下班后

(1)电源。为了防止火灾,对自己使用和负责的电源,都必须将之关闭到OFF状态。

(2)工作间隙。工作结束或中间休息时,要为下面的工作做好准备,应将本次工作持续到做完为止。

(3)工装夹具的保养和准备。精密仪器清洁之后应归回原位,量具盖好盖子;大件的上架或叠放的工装夹具,也应做好清洁和防尘工作。

(4)产品的保护。为防止脏物、灰尘等落在产品上对其造成不良影响,在特定的场合下要给产品加盖防护罩。

(5)加工设备的清扫

——清扫设备时要戴好必要的保护用具。

——清扫设备时,要关断电源并在电源配电柜上贴警示标识:"设备保养,严禁合闸"。

——清扫时被移动的台架必须在清扫后放回到原位。

6.处罚规定

凡违反本单位规定的,将给予以下处罚:本单位制定有相应的工艺、质量、设备、安全、5S现场管理、考勤等方面的管理制度。违反相应条款,将会受到处罚。

7.生产启动管理

(1)出勤情况的掌握

——掌握好8:00出勤的情况。

——如有缺勤,先确认班组内能否解决,再确认本部门能否解决。

——本部门不能解决时要速与厂部取得联系。

(2)出勤情况的联络。上午9:00前各班组就有关出勤情况与部门进行联系。

(3)针对协助人员

——协助人员不能进入重要工程。

——以作业规范为基准进行指导。

——一定要检查操作结果。

——当有不合格现象发生时,一定要确认所教各项工作。

(4)重要工序员工缺勤

——确认替代人员是否能掌握所有重要工序的工作。

——顶替主要缺勤人员进入生产工位的,最高的是班组长(工段长、主任负责确认其操作结果)。

(5)生产启动时间。一般情况下生产从8:05分开始运转,全体晨会等特殊情况除外。

(6)晨会时间。各班组、车间的晨会时间不宜过长,要保证生产在8:05分开始运转。

(7)加班申请。加班申请报告在每天下午5:00前,经车间主任确认后,交到相关部门。

8.不合格品处理

(1)返修品的标识。为提醒操作者,防止错用或误用零部件,当返修品准备再投入生产时必须有明显标识。

(2)修理备件的管理。为防止修理时产生缺货,修理产品时卸下的螺丝、垫圈、小零件等要放在指定的容器(工具车配备的零件盒等)里,修理后要确认一下,以免遗漏。

(3)修理时的灾害防止。为防止受伤、触电的发生,在处理驱动部、驱动部周围及高压时,一定要关闭电源。

(4)返修品的再检。修理是非稳定操作,易发生不良,因此返修品应经过专人全检后才能再进入使用。

(5)重复故障现象。为了使重复故障现象再次出现时能有一个正确的对策,确认过的各项内容应记入在检查表上。任何一种所出现的重复故障现象均应报告质量技术部门,由质量技术部门指示确认的方法,并记入存档,以保证今后同类现象出现时可按同样方法确认。

9.不要物

不要物的处理参见《不要物处理程序》。

10.应对

(1)判断。回答问题应清晰明确,不能暧昧不清。

(2)记录。一定要把得到的任务或指示记录下来。

(3)报告。接到操作者的报告之后,一定要把处理意见反馈回去。

11.操作指导

(1)根据作业规范进行指导。无论何时传授操作知识时,都要以作业规范为标准。

（2）操作理解的确认。要确认操作者是否已正确理解了操作方法。

（3）根据作业规范进行作业。任何时候请以作业规范为基准进行操作，但有本部门上级口头说明立即改变操作内容的情况除外。

12.教育训练

（1）教育训练的制定。教育训练要与实际操作按同等的计划进行，实施教育训练必须注意以下情形。

——新入厂/新上岗教育培训，由中心与用人单位统一安排。

——工艺变更或对工位替代人员的教育，需经专人进行培训合格后方可上岗操作。

——新产品投入情形下，由参加新产品试制的工艺、质量人员负责教育。

（2）训练评估。在进行实际操作前要先进行训练评估，评估合格后才能上岗。

13.作业规范

（1）口头指示中的禁止。仅凭口头指示不能改变作业规范，须有书面指示。

（2）作业规范的变更。若变更作业，作业规范也应一起变动。

（3）作业变更的承认。生产过程中如果要变更工艺操作规范，须按工艺规范的相关规定执行。

（4）协助他人作业的确认。操作者协助他人工作时应按其作业规范确认工作。

（5）作业规范的更换。追加、修订、修正作业规范的原件时，操作者使用的复印件应立即更换。

（6）作业规范的维持管理。设计变更涉及作业变更时，要确认作业规范是否变更。作业规范应有受控章，使用有承认印的作业规范。

14.作业工序

（1）安全通道。作业台等的设置应该每个工序都设有一个安全通道，安全通道不准堆放物品。

（2）工序标志。以下各项标识必须揭示。

——作业工序。

——安全规则决定的揭示物。

——静电对策指定工序。

（3）零部件标识。通过目视管理来明确区分各种零部件规格或生产状态。

（4）禁止将保证安装质量的措施终止。计划变更中要改变工序设置时，误操作防止措施、保证安装质量的措施等不能轻易取消。

15.设备、工夹具、计量器具。

（1）防止多余物。零件夹具、线夹、紧固螺栓等这类东西，注意不要与一般零部件混淆。

（2）工装夹具的数目管理。注意班前班后工装夹具的数目清点。

（3）开始使用夹具时的确认。开始使用新规格夹具时，先要充分确认其是否有副作用。

（4）使用校正后的仪器。请使用校正后的计测器具，未校正的计量器具禁用。

（5）检查、交换的明确化。对于夹具、工具、计量器具的检查、交换周期，必须有明确规定，按规定执行。

（6）特殊工具的使用。对于有危险或特殊要求的工具，应明确使用规范。

16.搬运

（1）零部件的确认。零部件开箱或装箱时，要通过包装票或交接单确认实物是否正确。

（2）材料、零部件的处理。因接触、碰撞、摩擦而易于损伤的材料、零部件不得重叠安放。损伤现象如下：伤痕、弯曲、凹陷、缺口、折断、脱落、遗漏、残破、污损等。

（3）禁止撞碰。把材料、零部件从交货容器中移入另外的容器时，注意不要因撞碰而导致材料、零部件外观和机能的损坏。

（4）禁止转移。对于由于移动位置而容易损伤的部件，应在指定的位置堆放，不得转移到其他位置。

（5）搬运安全。搬运过程中应注意人身安全。

17.生产切换

（1）生产确认。对产品生产的切换，一定要确认其安装用的零部件及操作方法是否正确。

（2）品种的标识。在切换的产品正面，明确标识切换的品种、工艺要求及生产数量。

（3）残余零件处理。残余零件的处理应遵循相关规定，及时退库或处置。

18.相似零件

相似零件的区分。尽可能不要把相似零件混放，否则应作明显区分。

19.信息

（1）信息的通知。操作、零件更换的情况必须使替代者、负责人、班长、主管等所有在职人员都知道。

（2）严禁接受口头指示。从其他部门传来的有关工作变化的指示，如是口头传达，则严禁接受。必须是书面指示。

（3）生产原始记录。必须按照工艺规程正确记录原始数据。

（三）公司上班的素养

1. 上班

（1）注意仪容、着装。

（2）遇见他人明朗、甜美、愉快地打招呼。

（3）提前进入工作现场或办公室，准备好投入工作。

（4）晨会。"早上好……请多关照！"

2. 下班

（1）整理台面及工作场地周边。

（2）夕会。大家说"辛苦了！再见"。

（3）其他人还在工作时，问一下"是否需要帮忙？"对方答"否"时，不要默不作声走开，要认真说"辛苦了。我先走了。"

3. 礼貌用语

"请""对不起""谢谢""您好""麻烦您"等多用。

4. 电话应答

（1）接听

① 电话铃响最迟在三声内，拿起话筒："早上好/您好，营销部（××车间）……"，如是直线电话（未经过总台）接听："早上好/您好……"（问候并自报所属单位/部门）。

② 对方所找人不在时："请问您贵姓？我可以转达吗？或请您留下您的电话号码……"。

③ 原则上等对方先挂下电话。

（2）打出

① 确认电话号码正确后，拿起话筒："早上好/您好，我是××公司的×××，麻烦您找一下××小姐/先生"。

② 电话讲完后，要向对方表示感谢，并说声"再见"。

5. 自我介绍

进入某单位或某部门后，要适时、大方、得体的自我介绍："您好/大家好，我是××，新来的，请大家多多关照"。

6. 着装

平时着装大方、得体，不穿休闲服（周末除外）。

7. 会面

① 早上进厂，要互问"早""早上好"。

② 下午和晚上进厂，要互道"您好"。

③ 下班回家时，要互道"再见"。

8.同事关系

① 同事间有意见,可报告上级协调,不可争吵。

② 上级前来洽事,要从座位中起立,以示尊敬。

③ 要主动帮助资历较浅的同事。

(四)接洽公务的素养

(1)握手

① 注意握手顺序,男女之间,女方先伸手;宾主之间,主人先伸手;长幼之间,长辈先伸手;上下级之间,上级先伸手,若又是宾主之间,下级作为主人应先伸手以示欢迎。

② 握手方式,右手自然伸直,五指稍用力握两三秒为宜,男女之间,只握一下女士手指部分,不宜太紧太久。双目注视对方,面带微笑,不可东张西望或低头望地或目光斜视。

(2)接听公务电话要先说明自我的单位。

(3)进入其他部门办公室应先敲门。

(4)不可随意翻阅或窥视别人的文件。

(5)接洽公务要和对方说"请"和"谢谢"。

(6)借用公物,用完应立刻归还。

(7)须称呼上级时,要加头衔,如"×主任""×经理",须称呼别人姓名时,要加"先生"或"小姐",以示礼貌。

(五)出席会议的素养

(1)准时出席,不任意离席。

(2)发言遵守会议程序及规定,言简意赅。

(3)讨论时应尊重对方的意见,对事不对人,勿伤和气。

(4)会议进行时,勿私自交头接耳或高声谈话,影响会议进行。

(5)会议中应将呼机、手机关机或转至振动状态,以免干扰会议。

(6)穿适宜的服装出席会议。

(7)会议结束时退场,应让上级领导、客人先离开会场。

(8)离开座位时,座椅应归位。

(六)公共场所的素养

(1)在公共场所不可高声喧哗。

(2)公共场所设置之座椅,不可躺卧。

(3)要维护公共场所的设施和清洁。

(4)误犯公共场所的规定,要说"对不起"。

(5)在公共场所得到别人的帮助,要说"谢谢"。

(七)日常生活中的素养

(1)寻求别人帮助和与人办事首先要说"请""拜托"。

（2）接受别人帮忙、服务时，要说"谢谢""让您费心了"。
（3）影响、打扰别人时，要说"抱歉""对不起""打扰您了"。
（4）和别人谈话的时候，要面有笑容。
（5）电话找人，通话时要说"请"，如拨错电话要说"对不起"，对转达留言的人要说"谢谢"。
（6）天热时，不可光着臂膀。
（7）上下公车遵守秩序，不要拥挤，遇长者、孕妇、病人等，应让其先行。
（8）主动让位于有需要之人士。
（9）搭乘公车时不可高声谈笑和抽烟。

（八）家庭生活的素养
（1）早起向父母尊长说"早"。
（2）出门时告诉家人到哪里，免得他们担心。
（3）回家时要先问候父母尊长。
（4）客人造访时要敬茶并亲切问好。
（5）家人要和睦，如有意见要体谅对方，避免争吵。
（6）获得礼物时要说"谢谢"。

（九）聚餐饮宴的素养
（1）赴宴时衣着要整齐。
（2）入席时请长者坐上位。
（3）进餐时讲话不要太大声。
（4）宴会时不可酗酒失礼。
（5）嚼食物时，不大发响声。
（6）尊重服务人员，不可大声斥责。
（7）散席时要对主人说"谢谢"。

（十）医院探病的素养
（1）按照医院规定之探病时间，前往探望病人。
（2）探病时间宜短，勿逗留过久，影响病人休息。
（3）在病房中交谈应控制音量，以免扰人。
（4）在医院内应遵守有关规定，勿抽烟、大声喧哗。

五、员工素养活动月的推行要领
（1）管理人员率先倡导示范，言传身教，身体力行。
（2）透过活动举办，掀起全员学以致用的高潮。

六、员工素养活动月的推行方法
（1）各部门利用聚会（最好能利用晨会、夕会）向全体员工宣导解说，并要求员工身体力行。

（2）通过各部门宣传机构加以宣导。
（3）举办板报、漫画、知识测验、评选等活动。
（4）按《员工素养活动手册》开展全员教育。
（5）全面推行晨会制度，引入礼貌用语。
（6）树立"5S样板岗"，争做现场管理高标准的榜样。
（7）单位领导带领党团员开展"从我做起，随手清洁"活动（现场带头拾垃圾活动）。
（8）从领导开始，见面互相问候。

9.4 加强员工教育培训

公司应向每一位员工灌输遵守规章制度、工作纪律的意识，此外，还要创造一个具有良好风气的工作场所。绝大多数员工对以上要求付诸行动的话，个别员工和新员工就会抛弃坏的习惯，转而向好的方面发展。此过程有助于员工养成制定和遵守规章制度的习惯，改变员工的只理会自己、不用理会集体和他人的潜意识，培养对公司、部门及同事的热情和责任感。

培训可分岗前培训和在岗培训。

9.4.1 岗前培训

岗前培训就是上岗之前的培训。岗前培训是素养的第一个阶段，从新员工入厂的那一天起就应该开始，不论是技术人员、管理人员，还是作业人员都必须接受培训。它包括图9-2所示几个方面的内容。

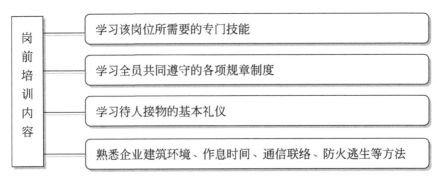

图9-2 岗前培训内容

9.4.2 在岗培训

在岗培训是指为了提高员工的工作技能，在员工完成工作的同时，接受各种有针对性的培训活动。

在岗培训是将员工素养提高到更高一个层次的重要手段，但不能限制在作业技能的提高上。不同岗位的在岗培训其侧重点各不相同，常见的在岗培训方法有如图9-3所示几个。

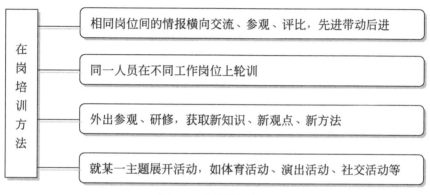

图9-3 在岗培训方法

9.5 开展各种提升的活动

9.5.1 早会

早会是一个非常好的提升员工文明礼貌素养的平台。企业应建立早会制度，这样有利于培养团队精神，使员工保持良好的精神面貌。

早会原则上应于每天正常上班前10分钟开始，一般控制在5～10分钟。早会宜做以下规定。

（1）参加早会人员应准时参加。
（2）早会人员应服装整洁，正确佩戴厂牌，如图9-4所示。
（3）精神饱满，整齐列队。
（4）指定早会主持人员或以轮值主持的方式进行。
（5）早会主持人针对工作计划、工作效率、品质、工作中应注意的内容、公司推行事项等作简要的传达和交流。

某企业的早会就在车间里开

图9-4 某企业的早会现场

对于早会,要以制度的形式规范下来。

【范本45】每日早会管理制度

每日早会管理制度

一、早会的目的

为提高员工的素质,加强规范化科学管理,追求"每天一总结,每天一反省,每天一进步"的精益敬业工作境界,促进"日事日毕,日清日结"落实执行,提高工作效率,决定在全公司推行早会制度。

二、早会时间

每周一早晨上班前15分钟为早会时间,休息、节假日除外。

三、早会地点

本公司生产车间门口。

四、早会的组织

生产部经理带领车间班组长轮流主持开会。

五、早会内容及程序

(1)主持人先召集人员列队集合,整队后问候大家"早上好!",与会人员回敬"好,很好,非常好"。

(2)总结评点上一周生产、工作情况。

①表扬生产工作好的方面。

②报告上一周生产(工作)任务和质量效率情况。

③点出存在的不足的地方、强调需要大家注意和改进的具体方面。

(3)安排本周的工作和生产。对生产品种及质量技术要求作出精细安排和说明,将任务细化、责任到人,提出严细的工作纪律和生产要求。

（4）进行思想与厂规教育；让员工分享工作经验、体会与感悟。

（5）进行简要的技术培训，如现场管理、安全生产、品质等。

（6）贯彻公司上级其他指示。

六、要求与处罚

（1）主持人严肃认真，一丝不苟，不能走过场。

（2）对迟到、无故缺席早会者，罚款5~10元；对早会主持者不认真组织、走过场、图形式的给予处罚50元。

9.5.2 征文比赛

开展6S活动征文比赛，可加深广大员工对6S活动的进一步理解和认识，使每位员工分享6S活动所带来的成就感，从而有利于活动更持久有效地开展。以下是一份征文安排，供参考。

【范本46】关于开展6S征文大赛的通知 ▶▶▶

关于开展6S征文大赛的通知

全体同事：

为了进一步宣传6S理念，推进企业6S认证制度，加强企业6S管理，提高员工综合素质，使大家对6S有更加全面、深刻地认识，经研究决定在全公司范围内开展一次6S征文活动。

一、征文主题

以"我与6S"为主题，可叙述6S活动中的感人事迹，可畅谈推进6S的感受，可阐述对6S理念的新认识，对推进6S活动的好建议等。文体不限，题目自拟，字数在1500字左右（诗歌在30~50行）。打印稿用16K或A4纸，书写稿用16K稿纸。在题目下方正中署明部门、班组、姓名（必须手写）。

二、奖项设置

设一、二、三等奖各1~2名、3~5名、5~8名。

三、投稿办法

作品直接送6S推进委员会。

四、投稿截止时间

××月××日

××××年××月××日

9.5.3　6S知识竞赛活动

开展6S管理知识竞赛活动，目的是在全公司范围内强化宣传、普及6S管理知识，营造良好的6S推进氛围，为员工提供一个直接参与和展示学习成果的机会，交流学习6S管理推进的先进经验，强化6S管理意识，深化全体员工对6S管理内涵的理解。

对该活动的开展要有组织地进行，在开展之前须制定活动方案。

【范本47】"6S"知识竞赛活动方案

"6S"知识竞赛活动方案

公司总部、内饰件事业部、美系事业部：

　　为营造全员参与6S活动的良好氛围，提高员工的参与程度和意识，培养员工的良好习惯，逐步营造一目了然、高效率的管理环境，经公司研究决定，举办首届6S知识竞赛，现将知识竞赛活动方案公布如下。

一、时间安排

拟定于8月举行。

二、队员组成

总部及各事业部各组2个代表队参加，每队由3人组成。

三、比赛规则

（1）由各队领队抽签决定分组。

（2）竞赛题型包括必答题、抢答题和风险题三种。竞赛题目采用于第五期《四维尔报》第三版《6S现场管理知识》。

（3）必答题包括参赛队"指定必答"和"共同必答"两种，答题时间30秒。"指定必答"由各参赛队的每名选手按座次依次回答，每轮每队的每名队员独立回答一题，其他队员不得补充或帮助，共进行1轮。每题的分值为10分，答对加10分，答错或不能回答的不得分。"共同必答"由每个代表队依次选题回答，每题的分值为10分，答对加10分，答错或不能回答的不得分。

（4）抢答题共24题，每轮8题，由主持人读完题并说"开始"后，参赛队员方可按抢答器进行抢答，答题时间不得超过30秒，答对一题加10分，答错或超时，每题扣10分，主持人未读完题或未说"开始"就按抢答器的，扣10分，且该题作废。

（5）风险题由各队自行选择答题分值，答题时间为1分钟（也可放弃答题）。答题顺序按当时得分由高到低顺序排列（如出现同分，按抽签顺序排列）。题目分值与难度对应，分别为10分、20分和30分，由任意一名队员回答，其他队员可以在规定的时间内予以补充。答对加相应的分值，在规定时间内答题内容不完整、答错题或不能回答倒扣所选题目相应的分值。放弃答题不扣分。

（6）竞赛中如有名次并列且影响到决定胜出队的情况时，将对名次并列的队采取加赛抢答题的方式决出名次。加赛中先得分者胜出，答错者直接出局，加赛题目分值为10分。

（7）本次竞赛每支队伍基础分为100分，由主持人当场判定加分或减分。主持人不能确认参赛选手回答是否正确时，请评委会现场裁定。评委会的现场裁定为最终裁定。

（8）为了扩大参与面，调动现场气氛，穿插观众有奖竞答，分两轮，共十二题，答对题的观众可获得纪念品。

四、要求

（1）总部、内饰件事业部、美系事业部代表队人员名单请于8月5日前报总经办。

（2）每个代表队上场三名选手，要求统一着厂服，参赛选手在竞赛中途不得随意退场。

（3）各参赛队按抽签确定的上场次序依次入座，并由主持人向观众介绍。

（4）参赛选手要集中注意力听主持人读题，如主持人读题不清楚，选手可以要求复读一遍（竞答题除外）。参赛队员答题时必须口齿清楚，讲普通话，声音响亮，以便主持人和评委评判。

（5）允许商议时，由参赛选手在台上讨论决定，其他人员不得在台下指挥。

（6）比赛不得作弊。凡发现参赛队员在赛台出现翻阅资料等舞弊行为时，每出现一次倒扣20分。

五、奖项设置

一等奖一名，二等奖两名，优秀奖三名。

六、组织领导

活动由总经办组织，总部制造部、内饰件厂务科、美系总经办协助举办。

9.5.4 6S之星评选活动

6S之星的评选活动可以在全公司范围内举行，从而起到工厂的点宣传与公司的面宣传，达到点面结合的宣传效果，给人思想上的一种鼓动和行为上的一种促动，同时达到心理强化。

【范本48】"6S之星"评选方案

"6S之星"评选方案

1. 目的

为更好地推行6S管理体系营造氛围,巩固以前6S推行的工作成果,并进一步维护公司的形象,特拟订此评选活动方案。

2. 职能

(1)主任委员。审批、监督、确认实施细则及审核修改等。

(2)各分厂厂长及车间管理。车间管理负责向员工宣导此标准及配合标准实施,厂长负责监督各管理的宣导工作。

(3)推行干事。对评比结果统计、组织委员会讨论审核、组织颁奖事项。

(4)各委员。在检查中要做到公平、公正、公开,记录要具体详细。负责对评比结果进行民意调查并提出意见。评选结果的宣传方式如下。

① 工厂周例会上公布表彰获得者名单。

② 工厂每个管理看板进行通报表扬,并适当给予物质奖励。

③ 公司报上进行公布名单及事迹。

3. 评选对象

工厂全体员工。

4. 评选期限及名额

每月一次、总名额14名(管理8名、员工6名)。

5. 评比程序

(1)召开该标准实施的动员大会。

(2)6S委员每周两次定期检查,推行干事对结果进行整理。

(3)车间主任每月19日把推荐的员工报到推行干事处,逾期不候。

(4)每月推行委员会人员将不定时下到车间调查了解情况。

(5)推行干事根据调查实情及一个月的总体情况来进行整理工作并完成诊断名额、上报和公布等事项。

(6)在周例会上进行颁奖(证书、奖品等)。

(7)对评选结果进行档案管理工作。

6. 评选标准草案

(1)能模范遵守公司的各项规章制度,服从上级领导指挥,团队意识强。

(2)所属部门(车间、班组)成员无受到工厂任何处分。

(3)评选时分三块进行,具体是生产车间为第一块;仓库、调油室、刀模室、晒丝棚、两个打样室为第二块;办公室为第三块。

（4）各块名额以第一块为10名（其中管理和员工各5名），第二块为2名（其中管理和员工各1名），第三块为2名（其中管理和员工各1名）。

（5）车间整月的6S平均分排在前六名且月平均分不低于95分，坚持宁缺毋滥原则。

（6）能悉心听取6S委员对现场的整改意见。

（7）能履行好6S推行委员会的决议。

（8）车间员工参与评选时以每个车间管理推荐（1~2名）的同时，6S委员会要对被推荐者进行民意调查并加以考核确认。

（9）对6S工作提出建设性意见的。

（10）积极配合6S检查工作，没有重复不良项。

（11）6S培训学习认真，考试优秀者。

（12）对于6S月平均分没有达到前六名的车间，各车间主任也可推荐（1~2名）在车间里对6S工作表现突出的员工参加6S之星评选，但车间管理不能参加。6S推行委员会将酌情从中挑选出额外3名以上。

6S推行委员会
年　　月　　日

第10章 事务部门的6S推行

10.1 文件的6S
10.2 空间的6S活动
10.3 办公用品的6S

图解 6S 管理全案 —— 现场实战版

10.1 文件的6S

事务部门推行6S运动中遇到的首要问题就是文件和单据过多。在某些公司内实施文件整理系统时发现一份文件和单据放在不同的文件夹里的现象，寻找时很费时间。

10.1.1 确定文件管理流程

许多企业的文件和单据由各个部门、各个从业人员保管，没有一定的保管基准。执行6S则首先制作文件和单据的管理流程：保管→保存→废弃。

保管就是将文件装在文件夹里，在工作场所的保管库里放置一定期间，超过一定期间就做废弃处理，或者移往仓库保存。

保存就是在仓库里永久放置或放置一定期间。除永久保存的文件外，其余文件经过一定期间后就做废弃处理。

10.1.2 一个部门一套文件

在6S实施前往往是这种情况：各个从业人员根据自己的需要进行保管，出现同一部门内的同一份文件和单据在多个从业人员处保管的现象。

为了减少不必要的文件，应实施"一个部门一套文件"的文件保管方法，即一个部门只保管一套文件。由从业人员保管的文件全部集中到一个地方，可以做到资源共享。

10.1.3 抽屉的管理

许多办公桌侧面附有抽屉，抽屉中乱七八糟的文件、单据、书报等，私人物品、商品样品和不合格样本混杂其间。

10.1.3.1 抽屉的整理整顿

（1）不要的或不应该放在抽屉内的物品清除。

（2）抽屉内物品要分类；在抽屉外面要有标志，让人看一眼就知道里面放的是什么东西，如图10-1所示。

（3）办公用品放置有序。

（4）常用的靠上层，不常用或个人用品放置在底层。

图 10-1 抽屉 6S 之后的状况

（5）有措施防止物品来回乱动。

10.1.3.2 拆掉办公桌侧面的抽屉

为了成功地推行文件管理体系，必须实现个人所保管的文件的共用化。因此，可拆除办公桌侧面的抽屉。这样做有两个目的。

（1）有效地利用有限空间。

（2）文件的共用化。

10.1.4 文件的保管方式

一般来说，文件的保管方式有：文件都放在文件柜里保管，文件柜不够用时再购买。有些文件柜有门，有些文件柜没有设门。实施 6S 后须重新确定文件的保管方式。

10.1.4.1 公开的文件管理体系

公开的文件管理体系是收管文件的文件柜长期呈开启状态，什么文件在什么地方都一目了然。如图 10-2 所示。

图 10-2 文件柜（夹）长期呈开启状态

10.1.4.2 非公开的文件管理体系

非公开的文件管理体系主要是对会计的相关文件和机密文件等不能公开的文件管理，这些文件都放在加锁的、不能随便取阅的文件柜里。有些文件柜的门是用玻璃做的，这是采取公开的文件管理体系的同时，出于保管管理的方便而设置的。如图10-3所示。

图10-3　文件柜（夹）长期呈关闭状态

10.1.5　统一纸张尺寸

事务用纸大体上采用A4尺寸的纸张，且公司对纸张的大小没有特别的规定。一般是根据从业人员的方便决定纸张的大小。而实施6S后，应统一事务用纸、制图用纸、信纸等的纸张尺寸。

（1）报告书、联络书、指示书等用A4（210毫米×297毫米）纸。

（2）统计表、QC工程图、支付金额一览表等用B4（257毫米×364毫米）或A3（297毫米×420毫米）。

（3）图面用系列纸（A0～A4）。

（4）复写纸的纸张。规定事务用纸用A4尺寸的复写纸，表格用B4或A3尺寸的复写纸，办公室里只准备这几种尺寸的复写纸，不准备其他复写纸。

（5）信封的尺寸。统一使用能装进A4或A5纸张的信封。

10.1.6　统一文件夹的形式

许多企业往往对文件夹的形式没有特别的规定，各个从业人员根据不同场所选用自己感到较方便的文件夹。采购部根据各部门的购买要求向外订购文件夹。

6S实施后须统一文件夹的形式。文件夹的形式有：多页软文件夹、硬文件夹、单页软文件夹、悬挂文件夹。硬文件夹直接放在文件柜里保管，单页软文件夹和悬挂文件夹放在文件盒里再并排放在文件柜里。可确定采取某种文件夹使文件装订实现标准化。如图10-4所示。

图10-4　统一文件夹的形式

10.1.7　文件夹的整理方法

企业对文件夹的整理没有特别的规定，各个从业人员会根据不同场所选用自己感到方便的方法。因而应决定各个部门的文件分类整理方法。

（1）按客户分类。

（2）按一份文件分类。

（3）按主题分类。

（4）按形式分类。

（5）按标题分类。

文件、记录集中存放并用颜色斜线分类标记，而且在30秒中内能取用或存放。如图10-5所示。

图10-5　用颜色斜线分类标记

10.1.8 文件夹夹脊的标志

多数企业对硬文件夹夹脊的标志没有特别的规定,各个从业人员根据不同场所,按自己方便的方式标注。

实施6S后,则须制作标示项目和标示文字大小的标准书,发放给各个部门。各个部门预先规定使用颜色来加以区分。

10.1.8.1 硬文件夹

(1)颜色区分标签(市面上销售的硬文件夹夹脊标签纸有很多是按颜色分类的)。

(2)主题、时间。

(3)同一主题的硬文件夹编号。

(4)文件柜编号。

10.1.8.2 文件盒

(1)颜色区分标签。

(2)大类别的主题。

(3)小类别的主题、期间。

(4)文件盒编号。

(5)分类记号、编号。

(6)文件柜编号。

10.1.9 文件的日期

许多企业的文件夹上没有记载文件整理、整顿的日期。作为文件管理的一环,应该定期(每月或每周)对抽屉和文件柜进行清理,分类清理出应保存的文件与应废弃的文件。

(1)实施人员。该部门全体人员。

(2)时间。早会结束后15分钟(如每周星期一),或早会结束后30分钟(如每月第二个星期二)。

(3)内容。自己的办公桌,自己的负责区域。

10.2 空间的6S活动

几乎任何事务部门都会有房间狭小、通道窄,以及放了文件柜和橱柜,墙壁面无法使用等问题。

10.2.1 拆掉各个办公室之间的间壁(隔墙)

许多企业里,总务部、财务部的办公室区域与其他部门(生产管理、产品品质管理、采购)的办公区域之间有间壁(隔墙)相隔。

若实施6S,可拆掉间壁。这样,就可以充分地利用办公室的空间。另外,总务部、财务部与其他部门(生产管理、产品质量管理、采购)之间的人际关系也可有所改善。

10.2.2 办公桌面的管理

(1)可长期放置的物品有文件夹、电话机(传真机、打印机)、电脑、笔筒、台历、水杯。

(2)允许张贴一到两张电话通讯录或与工作有关的参考资料。

(3)文件夹要求有明确的标志(如:待处理、处理中、已处理等)。

(4)要求全部物品必须做有定位线,定制线空间不可超过0.3厘米。

(5)敞开式办公的桌面要求风格统一。

(6)抽屉标志。长×宽:6厘米×3.5厘米;宋体、字号各区域统一;尽可能贴在抽屉右上角;统一颜色为白底黑字,材质建议为A4白纸。

实施6S之后的办公桌面如图10-6所示。

图10-6 实施6S之后的办公桌面

10.2.3 节约空间——共用办公桌

图10-7 共用办公桌

办公室里的所有员工都一人用一张办公桌,是许多企业里常见的现象,其实主管包括主管及以上的人员保持不变,主管以下的员工则可几人共用一张办公桌,这样做可节省空间。

电话可按照每2～4人一部电话的比例,在共用办公桌上一律放2～3部电话,留较长的电话线,使电话能在办公桌上自由移动。

办公用具如圆珠笔、活动铅笔、橡皮擦、涂改液、量具、文件传达指南、记录纸等全部装在一个箱子(30厘米×15厘米×3厘米)里,放在共用办公桌的中央位置。确定一名员工每天检查箱子内的东西,如有缺损,及时补充。如图10-7所示。

10.2.4 文件柜的整理

10.2.4.1 重新认识保管文件的基准

制作保管的基准,重新认识文件的保管。保管一定期间后就转到仓库保存。

10.2.4.2 重叠放置文件柜

改变以前文件柜都一个一个地并排放在地板上的做法,而在一个文件柜上重叠放上另一个文件柜。这样可节省出相当于一个文件柜(约50厘米×180厘米)的空间。

10.2.4.3 缩短文件柜的纵深

最适合公司使用的文件柜的纵深是400毫米、500毫米,纵深超过500毫米的文件柜最好换掉。

10.2.4.4 增加文件柜的层数

增加文件柜、三脚架的层数,使文件柜、三脚架各放置层的高度与物品的高度一致。经过这样的改善之后,使文件柜和三脚架上没有浪费多余空间。

10.2.4.5 把文件柜搬到走廊上

可在办公室之间的走廊上设置书架,将各个部门的书籍、杂志等收集起来放在书架上。除经常使用的词典、便条之外,办公室里一般不放书籍和杂志。如图10-8所示。

10.2.5 设置暂时放置场所

以往样品、产品、材料等暂时放在办公桌的旁边,因此,空间变得很狭窄,有时甚至放在经常开关的门前和随时可能使用的消火栓前面。这可通过设置暂时放置物品的三脚架,将样品、产品和材料等暂时放置的东西放在三脚架上。禁止在门前和消火栓前放置任何物品。

图10-8 报纸杂志架

10.2.6 储物柜的管理

(1)储物柜内整理、标志,用分隔胶条和标贴分区。
(2)储物柜门要有标志,同一区域的标志风格必须统一。
(3)公用的储物柜要有管理责任者,明确并标志。
整洁的储物柜如图10-9所示。

图10-9 整洁的储物柜

10.2.7 设置雨伞放置场所

晴天时将雨伞架子放在办公室的阶梯下面,在下雨天的早上总务部把雨伞架子搬出来。白天看起来要下雨的那天,则在断定要下雨之时将雨伞架子搬出来。也可制作一个专门的封闭型雨伞筒,雨伞滴的水不会滴到地上浸湿地面。如图10-10所示专门的雨伞放置场所。

图10-10　专门的雨伞放置场所

10.2.8　公共区域管理

（1）地面、角落清扫干净无积尘（徒手抹过无灰尘）、纸屑；天花板无蜘蛛网。

（2）墙壁无手脚印、无乱涂乱画、乱张贴。

（3）窗台、窗帘干净无尘（徒手抹过无灰尘）。

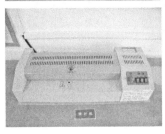

（4）各公共设施、设备,如：桌椅、台柜、打印机、复印机、传真机等无积尘。

（5）所有体积较小易移动且须长期固定放置的物品要有定位线及定位标志。

（6）物品摆放整齐、标志到位并有明确的负责人。

如图10-11所示6S之后的公共区域。

图10-11　6S之后的公共区域

10.3 办公用品的6S

事务部门开展6S活动中,如何对办公用品进行整理、整顿,减少办公用品的浪费是活动的重要内容之一。许多企业里通常可以发现以下一些比较普遍的现象。

(1) 个人办公桌内办公用品过多,使用过程中浪费大(没有用完就过期或作废)。

(2) 办公用品重复库存多(公司、部门、班组、个人层层有库存)。

(3) 办公用品品种繁多,购买的随意性大。

做好办公用品的6S活动,不仅能够使得办公桌变得洁净、美观,更重要的是能够减少浪费,节省开支。

10.3.1 办公桌内文具的整理、整顿

许多企业员工办公桌的抽屉里放满了各色文具,一应俱全。有些企业新员工进公司的时候可以领到笔、墨、橡皮擦、涂改液、回形针、裁刀、订书机、打孔器、各色本子、公文纸等20多种。

要解决个人办公桌内用品过多,使用过程中浪费大的问题,做好办公桌内文具的整理、整顿工作是关键。具体方法如下。

10.3.1.1 制定部门及个人的持有标准

决定部门(部、科、班组等)和员工个人可以持有的对象和数量,避免不必要的重复持有(多层持有),用完了之后才可以进行补充。如表10-1所示一套文具示例。

表10-1 一套文具示例

项目	内容	数量/单位
1	签字笔(黑色)	1支
2	签字笔(红色)	1支
3	铅笔	1支
4	涂改液	1瓶
5	30厘米直尺	1把
6	订书机	1个
7	订书钉	1盒

续表

项目	内容	数量/单位
8	剪刀	1把
9	裁纸刀	1把
10	透明胶纸	1卷
11	标签纸	1张
12	计算器	1个
13	笔刨	1个
14	橡皮擦	1块
15	笔记本	1个

10.3.1.2　清点多余的办公用品

对照标准，清点所有的办公用品，将那些不用的或不常用的物品集中回收到部门办公用品管理员处或公司仓库。

将每天工作中经常用到的常用办公用品留下来，或作为个人持有，或作为部门或班组公用。图10-12所示为某企业职员的一套文具。

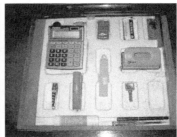

图10-12　某企业职员的一套文具

10.3.1.3　决定办公用品的摆放

决定好办公用品的合理摆放方法，如：形迹定位管理、文具桌面摆放可视化等。如图10-13所示。

图10-13　办公用品的形迹定位

10.3.2 办公用品减少活动

要减少办公用品的用量,节省经费,需做细致的改善工作。

10.3.2.1 尽可能减少个人持有量

根据各个部门工作特点决定满足工作所需最少的办公用品持有量,通常一个人常用的办公用品只有几种,如:铅笔、黑的签字笔、红色的标记笔、笔记本,负责文件处理的人可以外加一个小订书机,经常进行运算的员工可以外加一个小计算器。

10.3.2.2 尽可能让办公用品发挥最大的功效

一些使用频率较低的物品可以变成部门或小组公用的物品。如,打孔器、剪刀、尺子、订书机、计算器等都是可以确定为部门或小组公用。

可把这些共用物品放置在一个转盘上,以便大家拿取。

10.3.2.3 最大限度地减少办公用品的品种

非必需的办公用品是多余的,可以不用或不买,如,笔筒、双层文件盒等。

10.3.2.4 最大限度地减少办公用品库存

(1)全企业实现办公用品统一管理。取消各部门的办公用品库存,需要时统一到企业有关管理部门领取。

(2)实行办公用品预算管理制度。每个年度各部门提出办公用品预算申请(与企业内的预算制度同步进行),经有关部门认可后可执行。在执行过程中,部门负责人对部门办公用品的使用情况进行自主监督管理。

(3)供应商即时供货方式。即请求供应商在交货时间和供给方法上给予改善和合作,以减少库存量。

参考文献

[1] 田均平，石保庆. 9S管理简单讲. 广州：广东经济出版社，2005.
[2] 许小文等. 图解6S管理实战. 广州：广东经济出版社，2003.
[3] 聂云楚. 6S实战手册. 深圳：海天出版社，2005.
[4] 易新. 工厂管理（三）目视管理与6S. 海口：海南出版社，2001.
[5] 陈元. 生产计划与物料控制实战精解. 广州：广东经济出版社，2002.
[6] 潘林岭. 新现场管理实战. 广州：广东经济出版社，2004.
[7] 孙少雄. 如何推行6S. 厦门：厦门大学出版社，2001.
[8] 刘承云，张志敏. 专家博士的6S经. 深圳：海天出版社，2003.
[9] 肖智军. 6S活动实战. 广州：广东经济出版社，2005.
[10] 唐苏亚. 6S活动推行与实施. 广州：广东经济出版社，2007.
[11] 李家林. 6S精细化管理. 深圳：海天出版社，2011.
[12] 李家林，江雨蓉. 图说工厂6S管理. 北京：人民邮电出版社，2011.
[13] 李家林. 6S精益推行手册（实战精华版）. 北京：人民邮电出版社，2011.